LÍDERES DE ESCALERA

El equipo

La tarea

La transición

Copyright © 2021 Sam Chand

Publicado por Inspire

Todos los derechos reservados. Ninguna parte de esta publicación puede ser reproducida, almacenada en sistemas de búsqueda o transmitida de ninguna manera ni por ningún medio –electrónico, mecánico, fotocopia, grabación u otro– excepto por citas breves en reseñas escritas, sin el consentimiento previo, por escrito, del autor.

El texto bíblico indicado con NVI corresponde a la Santa Biblia, NUEVA VERSIÓN INTERNACIONAL® NVI® © 1999, 2015 por Biblica, Inc.® Usado con permiso de Biblica, Inc.® Reservados todos los derechos en todo el mundo.

El texto bíblico indicado con NTV ha sido tomado de la Santa Biblia, Nueva Traducción Viviente, © Tyndale House Foundation, 2010. Usado con permiso de Tyndale House Publishers, Inc., 351 Executive Dr., Carol Stream, IL 60188, Estados Unidos de América. Todos los derechos reservados.

Por derechos internacionales, contactar al autor.

Diseño de portada: Joe De Leon
Foto de portada: sirtravelalot

Servicios de traducción y revisión por Prismatica Project
Traductora: Janet Field

ISBN: 978-1-954089-76-1   1 2 3 4 5 6 7 8 9 10

Impreso en los Estados Unidos de América

LÍDERES DE ESCALERA

El equipo

La tarea

La transición

SAM CHAND

INSPIRE

ÍNDICE

PARTE I
¿Quién sostiene tu escalera? 7
1. Descubrir 13
2. Desarrollar 23
3. Desplegar 29

PARTE II
Dominando los peldaños 37
4. Enfoque 41
5. Comunicación 47
6. Toma de decisiones 53
7. Cambio y transición 61
8. Conflicto 65
9. Alineación 71
10. Dinero 77
11. Delegar 83
12. Ejecución 87
13. Pensando a futuro 91

PARTE III
La Transición 97
14. Insatisfacción y discernimiento 101
15. Valores y pasión 107
16. Consejo sabio 113
17. Deseos y momento 117
18. Transición interna 123
19. Transición externa 127
20. La escalera al legado 133

Conclusión 139

PARTE I

¿QUIÉN SOSTIENE TU ESCALERA?

INTRODUCCIÓN

Miré fijamente por la ventana mientras esperaba que alguien me llamara para ir al santuario. Yo era uno de los oradores invitados para una conferencia en la Iglesia Evangel en Queens, Nueva York. Mientras reflexionaba sobre los puntos que quería tratar, algo en la calle desvió mi atención.

Un hombre estaba parado sobre una escalera, pintando. Nada fuera de lo común. Sonreí recordando mis días de estudiante en la escuela bíblica. Yo había ocupado mis veranos haciendo ese tipo de trabajo, por lo que no podía dejar de mirarlo. Por varios minutos observé sus movimientos elegantes mientras recorría la superficie con su pincel.

"Me pregunto quién le estará sosteniendo la escalera" dije en voz alta. No alcanzaba a ver hasta el nivel de la calle abajo.

Aunque no lo pudiera ver, con toda seguridad alguien estaba allí abajo sosteniendo la escalera del pintor. Una idea comenzó a formarse mientras yo miraba fijamente hacia abajo desde el octavo piso. Viendo como el hombre pintaba la pared exterior, observé que él solo podía cubrir un área limitada. Estiraba su mano lo máximo posible hacia la izquierda y luego hacia la derecha y también por sobre su cabeza. Mientras lo observaba, se me ocurrió que él sólo subía hasta una determinada altura que le resultaba cómoda.

¿Qué le ayudaría a llegar más alto?, me pregunté a mí mismo. Observé que tenía una escalera extensible de modo que le sería posible subir más alto, y esto le sería necesario si pretendía terminar ese trabajo. Si la escalera alcanzara hasta la parte más alta del edificio, aún le haría falta una cosa más. Debía tener alguien a nivel de calle que le sostuviera la escalera mientras él trabajaba.

El pintor no podría seguir adelante por sí solo. Se había estirado y extendido y había hecho todo lo que le era posible hacer solo. Él necesitaba ayuda. Por su cuenta, el pintor no podría avanzar. Mientras miraba, pensé cómo la situación del pintor era una ilustración de un importante principio de liderazgo. Se me ocurrió que, ya sea en la gerencia o en sistemas, la efectividad de un líder depende de las personas que sostienen la escalera –aquellos que están en roles de apoyo en el negocio, la organización o la iglesia–.

Luego tuve otro pensamiento: *Los que sostienen la escalera son tan importantes como los líderes mismos.*

No podía dejar de reflexionar sobre esa imagen. Mientras miraba por esa ventana en Queens, pensaba, *ningún líder llega hasta la cima sin que los de abajo sostengan su escalera.* Estiré la cabeza para tratar de ver la calle, pero jamás pude ver quién estaba sosteniendo esa escalera.

Sonreí mientras pensaba en el simbolismo del liderazgo, del éxito y de las personas que lo hacen posible. Aquellos que fielmente sostienen desde abajo, con frecuencia son invisibles, pero eso no disminuye su importancia ni nuestra necesidad de ellos. A veces, quizás sea Dios el único que sabe quién está sosteniendo la escalera.

Seguí desarrollando esa idea. Comencé a pensar en la escalera como símbolo de un sueño –la visión del líder– y el pintor como el visionario. Una vez que el visionario comienza a subir su escalera, el alcance de su liderazgo puede ser amplio y de largo alcance, o estrecho y limitado. Cuál de estas dos historias emerja dependerá de la cualidad del equipo de sostenedores de escalera que el líder contrate y desarrolle.

Un pintor en una escalera podrá tener todo el entrenamiento y la destreza posibles, el equipamiento más costoso, años de experiencia y conocimiento de su oficio, y puede ser un apasionado de lo que hace. Pero ese no es el factor decisivo. Los que sostienen la escalera son los que definirán la altura que alcance el pintor.

"¡Eso es!" exclamé. "Los que sostienen la escalera determinan el ascenso de los visionarios".

Como iremos explorando en la Parte I de este libro, el descubrimiento, desarrollo y despliegue de un equipo de sostenedores de escalera conforma la base del viaje de un líder hacia el cumplimiento de su visión. Algunos podrán pensar que la imagen de "sostenedores de escalera" muestra arrogancia. Después de todo, el líder está aprovechando la fuerza y las habilidades de otros para cumplir sus propios sueños.

En realidad, yo argumentaría que ¡la idea de que un líder pueda cumplir la visión *sin* la ayuda de un valioso equipo implica mucha mayor arrogancia! Contratar sostenedores de escalera no es explotación, sino desarrollo de personas, muchas de las cuales más adelante subirán sus propias escaleras. Ser un sostenedor de escalera es un paso importante en nuestro viaje como escaladores de escalera. Todos somos tanto escaladores de escaleras como sostenedores de escaleras.

Por si no lo has notado, mientras la escalera sirve como ilustración de la necesidad de desarrollar un equipo que apoye nuestras visiones como líderes, también sirve como metáfora del viaje de liderazgo propiamente. Cada peldaño representa un desafío que debemos afrontar y habilidades que debemos desarrollar antes de crecer en influencia e impacto. En la Parte II de este libro, me ocuparé de estas competencias básicas. Sería posible analizar cada una de ellas en un libro aparte, pero las presento como plataformas de lanzamiento para la autoevaluación y el estudio adicional.

Finalmente, la escalera sirve como un símbolo de transición válido. Después de todo, las escaleras tienen un número limitado de peldaños, y los que los suben, finalmente alcanzan su destino, si siguen subiendo. En el transcurso de nuestro viaje de liderazgo, quizás nos encontremos arriba de más de una escalera.

De acuerdo a un estudio reciente de la Oficina de Estadísticas Laborales (Bureau of Labor Statistics), la persona promedio tendrá doce trabajos a lo largo de toda su carrera. Mientras algunas de éstas podrían tratarse de promociones dentro de una misma carrera, otros se hallarán desarrollando –o siendo ubicados en– actividades muy alejadas de lo que la trayectoria de su vida hubiera indicado. Las transiciones como éstas requieren gracia, flexibilidad y la decisión de arriesgar el fracaso. En la Parte III de este libro, compartiré mi experiencia personal en la transición y las lecciones aprendidas en el camino.

Más allá de la elección de sostenedores de escalera, quizás las elecciones más significativas que afrontemos tengan que ver con lo que dejamos atrás. El legado es a *quién* dejamos. Herencia es *lo que* dejamos. La organización sobre la que se nos ha conferido responsabilidad, las personas a las que se nos ha encomendado desarrollar, y los sistemas que permiten gestionar la complejidad y la escala forman parte de esa herencia. Todo esto sobrevivirá nuestra permanencia en las diferentes escaleras que escalemos. Su eficacia –o disfunción– servirán como testimonio de nuestro liderazgo, para bien o para mal.

El desafío en el liderazgo será el de poder atender a estas tres áreas generales en simultáneo. Por ejemplo, podría surgir una transición en cualquier momento de nuestro trayecto, y normalmente ésta no esperará nuestro permiso para surgir. De la misma manera, el desarrollo de sostenedores de escalera no es algo que logramos una vez y que luego abandonamos si no que es un proceso interactivo y continuo que requiere mayor o menor atención, dependiendo de dónde nos encontremos en nuestras carreras. Finalmente, empezamos a darle forma a nuestro legado desde el momento en que pisamos el primer peldaño de nuestras escaleras de liderazgo. Cubrir estos tres aspectos de la "escalera de liderazgo" exige mucho enfoque y determinación.

Mi esperanza y mi oración es que este libro estimule la auto reflexión y que provea herramientas que fortalezcan nuestras manos en las escaleras que cada uno de nosotros está subiendo. Sea cual fuere el peldaño en el que nos encontremos, nunca es demasiado tarde ni demasiado temprano para encarar nuestros viajes de liderazgo con una mirada fresca.

CAPÍTULO 1
DESCUBRIR

Las personas no son tu recurso más importante. Las personas correctas lo son.
—Jim Collins, investigador y autor

"Yo no soy nadie".

"Yo no importo para nada. Nadie siquiera me extraña cuando no estoy".

"En la oficina sólo me ocupo de contestar el teléfono y de procesar algunos textos. Cualquiera podría hacer el trabajo que yo hago".

"No soy ni predicador ni cantante, de manera que soy solamente uno de los que menos brilla en nuestra iglesia".

Estas son típicas respuestas que he escuchado de parte de individuos –las personas de apoyo– aquellas que son tan importantes en su propio papel de soporte como lo son las estrellas del espectáculo.

Quiero ser claro con respecto a descubrir a aquellos que sostienen la escalera:

- Ellos son la base de nuestras organizaciones.

- Ellos son los que nos permiten alcanzar nuestro mayor potencial.

- Ellos sostienen la escalera tan fuertemente que nosotros no tenemos necesidad de inquietarnos ni de estar constantemente preocupados por caernos.

Si el cumplimiento de nuestra visión depende, no sólo de nuestro compromiso y de nuestra capacidad, sino también del de los equipos que reunimos a nuestro alrededor, ¿habrá alguna tarea más importante que la de descubrir, desarrollar y desplegar a aquellos que sostienen la escalera? Después de todo, son ellos los que podrían definir nuestro éxito o nuestro fracaso.

MALOS INGREDIENTES

Miremos más de cerca a quiénes elegimos para que sostengan nuestras escaleras. No podemos simplemente colocar a cualquiera en el puesto. Es útil identificar, no solamente las cualidades que estoy buscando, sino también las características que son banderas rojas en el proceso de selección. En principio, éstos son algunos tipos de personas que *no* deseamos que sostengan nuestra escalera.

Poco Confiables

A veces estás tan cansado de recordarle a las personas que deben tomar su lugar al pie de la escalera que intentas subir los peldaños tú solo sin ningún apoyo. Yo siempre prefiero un sostenedor de escalera no calificado pero confiable en lugar de uno calificado, pero poco confiable. Al menos a ese se le podrá ofrecer una capacitación.

Despreocupados

¿Las personas a las que contratas o empleas son intencionales en su trabajo, o son informales y distraídos en su enfoque? ¿Tu sostenedor de escalera apretará fuertemente los peldaños inferiores con los dedos de los pies y sostendrá la escalera con las dos manos? ¿O tendrá una mano despreocupadamente cubriendo uno de los peldaños y una taza de café de Starbucks en la otra?

Condicionales

Estos son los constructores de currículum. Ellos se comprometen a sostener tu escalera siempre y cuando no se les presente la oportunidad de sostener otra escalera más grande y prestigiosa. Su compromiso no es contigo y con tu visión, sino con el progreso de sus propias carreras. Si no tienes cuidado, se pasarán a otra escalera, y te dejarán atrapado a doce metros de altura.

Descontentos

Ya sea el empleado insatisfecho o la persona que ha estado asistiendo por años a la iglesia pero que no soporta la música y permanentemente se queja de las prédicas, las personas descontentas generalmente no cambian, ni siquiera cuando cambian las circunstancias. Sin mencionar que su desdicha es contagiosa.

Títeres

Hombres y mujeres que siempre dicen "sí" podrán parecer personas en las que puedes apoyarte al principio, pero a la larga resultan ser sostenedores de escalera no confiables cuando más los necesitas. Prefiero decirte la verdad, aunque pueda resultar incómoda.

BUENA MADERA

Dado que hemos identificado qué características *no* buscar en sostenedores de escalera, ¿cuáles son, entonces, las cualidades esenciales que sí debemos buscar? Existen cinco cualidades en las que yo insistiría, y existen otras que me gustaría ver y que esperaría. Éstas son indispensables en los sostenedores de escalera.

Fortaleza

Deberán ser personas que puedan soportar la instrucción y la crítica, personas con las que puedas emplear un lenguaje claro y no tengas que ser exageradamente cauteloso, refrenar tu corrección y luego remediar las cosas. Si se les debe corregir en alguna cosa, que puedan cambiar sin que tú tengas que preocuparte acerca de si vas a herir sus sentimientos. Debes tener sostenedores de escalera que puedan manejarse con instrucciones de dos o tres palabras y que puedan cumplirlas con rapidez.

Atentos

Deben prestar atención a lo que estás diciendo y asimilarlo rápidamente. No querrás estar repitiendo las mismas enseñanzas una y otra vez. Las personas que están atentas entienden la primera vez.

Fe

No me estoy refiriendo a tener fe en el Señor. Estoy hablando de tener fe en ti como su líder y estar comprometidos contigo. Necesitas a personas que permanezcan en la escalera sin importarles cuan difíciles se pongan las cosas. Mientras tú estés allí arriba, los fieles te demuestran que puedes estar seguro de que ellos todavía están allí abajo. No están constantemente necesitando que tú les estés gritando desde arriba, "Estás haciendo un gran trabajo".

Firmeza

Con esto quiero decir que sean personas que no puedan ser explotadas por personas manipuladoras. En toda iglesia y organización existen personas que manipulan. Pueden ser personas extremadamente auto engañadas o simplemente malas personas. No importa cuál sea el caso porque el fin es el mismo. Buscan destruir planes y operaciones que se están llevando a cabo, o bien, construir sus propias reputaciones. Los sostenedores de escalera deben ser lo suficientemente firmes como para discernir sus tácticas y resistirlos.

Lealtad

No digo que siempre tengan que estar de acuerdo contigo. La lealtad no significa estar repitiendo "sí, sí, sí," sin importar lo que el visionario diga. Podrán estar en desacuerdo con tu *cabeza*, pero no con tu *corazón*. Podrán estar en desacuerdo con *cómo* haces las cosas, pero no con *por qué* las haces. Podrán estar en desacuerdo con tus *métodos*, pero no con tus *motivaciones*.

QUIÉN VERSUS QUÉ

Quizás hayas notado en las características listadas arriba la ausencia de habilidades o capacidades específicas. No es que esté sugiriendo que contratemos a personas incompetentes o sin habilidades como sostenedores de escalera. Pero, por mi experiencia como director ejecutivo con empleados a sueldo, aprendí que contratas a las personas por *aquello* que conocen y los despides por *quiénes* son. En otras palabras, si prestamos mayor atención al por qué despedimos a las personas y permitimos que eso influya sobre a quién contratamos, acabaremos por despedir a una menor cantidad de personas.

Un pastor podría contratar a un músico porque logra que la música más simple suene como un concierto en cada pieza que ejecuta. Luego lo despide porque tiene mala actitud. Un director ejecutivo podría contratar a un gerente de oficina por ser un fenómeno en la computación y comprender hojas de cálculo, ganancia y pérdida, las normativas del gobierno y porque conoce el software más actualizado. Luego lo despide porque no logra llevarse bien con las personas.

Randall Murphy, fundador y presidente de Acclivus Corporation, dijo una vez, "Cuando se te ha asignado la tarea de tomar el monte –o el mercado– estarás menos preocupado por quién está *por ti* y más preocupado por quién está *contigo*".

Sólo porque las personas digan, "Yo estoy contigo", no necesariamente sea verdad. La verdad está en lo que ellos hacen. ¿Cumplen con lo que prometieron? ¿Cumplen su palabra fielmente a través de sus acciones? Éstas son las características que debemos buscar en los sostenedores de escaleras. Mientras ellos sostienen nuestras escaleras, nosotros podremos subir con confianza, enfocándonos en las cosas que realmente importan.

LA VENTAJA DEL CONTRATADO

Siguiendo con la metáfora de la escalera, si tuvieras necesidad de una persona que sostenga una escalera de 12 metros de altura, ¿publicarías el puesto en los avisos clasificados o comenzarías la búsqueda entre las personas de confianza que ya conoces?

Sea el puesto que sea, con o sin sueldo, las personas que se ofrezcan voluntariamente probablemente posean menos experiencia que los miembros de equipo que contratemos. Las personas equivocadas a menudo serán las primeras en ofrecerse voluntariamente –posiblemente porque no tienen ninguna otra cosa que hacer–. ¿Cómo "desvoluntariar" a un voluntario si la situación no resultara?

Las personas más calificadas y ocupadas ya están comprometidas en otros puestos. Ellas no vendrán salvo que alguien las contrate.

El mejor maestro de escuela dominical quizás no sea la persona que se haya ofrecido para hacerlo. La persona para ese trabajo quizás sea la maestra de la escuela pública que siente que no desea pasar un día más con niños. Sin embargo, si un líder se toma tiempo para compartir la visión para la escuela dominical, y ella logra ver que hay apoyo desde arriba, es posible que cambie de opinión.

Cuando Jesús necesitó discípulos, Él no se quedó esperando a ver quién se ofrecía como voluntario. En lugar de esto, Él salió en busca de los hombres que Él quería. Esa debería ser tu meta cuando contratas. Cuando estás buscando a la persona correcta para un puesto de trabajo, el currículum puede no ayudarte a tomar este tipo de decisiones; el Espíritu Santo debe atraerte hacia el candidato correcto, en ocasiones aun a pesar del currículum.

Cuando estés seleccionando personas para tu equipo, recuerda el acróstico ACC. A diferencia de las personas que se ofrecen voluntariamente, los candidatos ACC son contratados por sus *actitudes, capacidades* y *conocimiento*, las tres cualidades necesarias en los jugadores de un equipo ganador.

Actitud

Cuando contratas a personas que tienen la actitud correcta, puedes enseñarles a hacer cualquier cosa. Una buena actitud puede ayudar a las personas a conquistar las circunstancias más difíciles. Los empleados con buena actitud trabajan duro, son motivados a alcanzar metas y seguir adelante sin importar los obstáculos. Las personas con mala actitud están desmotivadas, son negativas y abstraídas. No importa cuán habilidosos sean, nunca servirán de mucho.

Capacidad

La capacidad es relativa y es definida por la cantidad de aptitudes requeridas para la tarea encomendada. Aun cuando algunas capacidades puedan ser desarrolladas y cultivadas durante el trabajo, deberás identificar la capacidad básica que se requiere para realizar la tarea sin entorpecer el progreso ni sumándole tarea a otros compañeros de equipo, quienes quizás tengan que compensar por el colega sin capacidad.

Conocimiento

La persona con una gran actitud, capacidades magníficas, y que también posee extenso conocimiento es el empleado o miembro de equipo ideal. Aquellos que poseen capacidad y conocimiento pueden arreglar lo que se rompió y explicar el motivo por el que se rompió en primer lugar. Pero el conocimiento sin capacidad es como un médico que puede brindar un diagnóstico pero que no sabe cómo tratar la enfermedad.

Aquellos candidatos que posean los niveles correctos de ACC (actitud, capacidad y conocimiento) necesitan ser consultados acerca de lo que desean hacer. Si se les obliga a realizar tareas que no se adapten a sus temperamentos o a lo que les apasiona, no resultarán del todo productivos. Las personas son más productivas cuando les apasiona lo que están haciendo. Siempre trata de ubicar a las personas en el puesto que más les interese. Por supuesto, la única manera de lograrlo es conociéndolos y entendiendo lo que les apasiona.

Entiendo que existen ciertos puestos que necesitan ser ocupados y ciertas tareas y funciones que deben ser atendidas. No estoy sugiriendo que contratemos a personas para tareas que no necesitamos que se hagan. No obstante, recomiendo parcialidad al contratar a buenas personas, comprender sus capacidades y lo que les apasiona, y luego encontrar las maneras en que puedan ser aprovechadas para el cumplimiento de la misión y la visión de tu organización.

CONTRATAR Y DESPEDIR

¿Qué haces a la hora de incluir a alguien en la nómina? Mi sugerencia es que necesitas repensar tu política. Querrás personas competentes, obviamente. Pero cuando selecciones sostenedores de escalera, necesitas dedicar más tiempo a examinar quiénes son en lugar de cuánto saben.

Podrás leer sus currículums, y podrás hablar con las personas para quien y con quien hayan trabajado. Esto es importante. Pero los problemas en el trabajo generalmente se inician por asuntos referentes a la personalidad y no por las capacidades. Una vez contratadas, te brindarán alegría o aflicción. Casi todas las personas a las que he tenido que despedir ha sido por causa de sus actitudes.

Rara vez he necesitado deshacerme de alguien por falta de habilidad para realizar el trabajo.

Teniendo eso en mente, recomiendo seguir la siguiente regla: *Contrata despacio y despide aprisa.*

Es mejor tener una vacante que tener una mala ayuda. Supongamos que el médico te diagnostica cáncer, te informa que la cirugía es la única opción y pregunta, "¿Para cuándo quieres que lo programemos?". Imagino que responderías, "Lo más pronto posible".

Como líder, una buena pregunta a hacerse es la siguiente: *¿Por qué tolero personal incompetente? ¿Por qué permito que miembros del equipo descontentos infecten al resto del personal con sus malas actitudes?*

Dicho simplemente, no apures las decisiones al contratar; no demores las decisiones al despedir.

El mejor momento para despedir a alguien es la primera vez que se te cruce por la mente. Tendemos a confundir nuestros roles aquí nuevamente. En lugar de pensar como un director ejecutivo y por el bien de la organización, tendemos a colocarnos en un rol pastoral y buscar maneras de justificar y pasar por alto problemas lo suficientemente serios como para que hayamos considerado despedirlos.

También he aprendido que si la situación es lo suficientemente seria como para despedir a una persona y no lo hago, muy pronto comienzo a buscar razones para seguir manteniéndola.

La parcialidad para contratar que estoy defendiendo quizás requiera no tan sólo sumar personas nuevas a tu equipo de sostenedores de escalera, sino también reacomodar a personas ya existentes dentro de roles y responsabilidades que se ajusten mejor a sus capacidades y lo que les apasiona. Estos cambios importantes podrían inspirar a tu equipo y ayudar a que la institución entera funcione mejor. De hecho, podría hacer que el equipo entero crezca a un nivel al que previamente no lograba alcanzar.

Por último, buscar contratados versus voluntarios quizás no te provea de todos los sostenedores de escalera que requieras. No obstante, establecerá una cultura que ponga el énfasis en las capacidades y actitudes que tú valoras, y esa cultura atraerá a personas con ideas afines a unirse a tu equipo, permitiéndote crecer más de lo que hubieras podido con simplemente un grupo de voluntarios.

CAPÍTULO 2
DESARROLLAR

La única cosa peor que capacitar a tus empleados y que se vayan es no capacitarlos y que se queden.
—Henry Ford, inventor y emprendedor

Es raro que un equipo de sostenedores de escalera llegue a la escena dispuesto a ayudarte a cumplir tu visión. De allí surge la tarea de desarrollar. Mientras que muchos sostenedores de escalera pueden ya estar capacitados para hacer un trabajo, nuestra meta final es desarrollarlos como personas. En este capítulo, no contaré con el tiempo suficiente para hablar acerca de cada detalle concerniente al desarrollo del liderazgo, pero espero hacer algunas distinciones, establecer algunos principios y proveer una hoja de ruta para una reflexión más profunda y para alcanzar el éxito en la construcción de nuestros equipos.

DESARROLLO VERSUS CAPACITACIÓN

Primeramente, hay una enorme diferencia entre capacitar a las personas para una tarea específica y desarrollarlos como líderes. La capacitación se enfoca en las tareas; el desarrollo se enfoca en la persona. La capacitación es unidireccional; el desarrollo es omnidireccional. Capacitamos a personas para ser recepcionistas. Cuando hayas terminado, ellos serán buenos recepcionistas, y realizarán su tarea correctamente. Sin embargo, no los habremos desarrollado para que puedan trasladarse hacia otros puestos. Si no desarrollamos y equipamos a otros, nunca conseguiremos la clase de sostenedores de escalera que necesitamos, especialmente cuando queramos alcanzar los escalones más altos.

Desarrollar líderes no es el objetivo final donde los líderes sólo serán efectivos una vez que se encuentren completamente actualizados. En lugar de eso, el tiempo invertido en desarrollar a líderes se recupera al elevar la calidad del liderazgo dentro de la organización entera. Más importante aún, mentorear a otros también nos ayuda a crecer como líderes.

Nosotros definimos el techo de los líderes que trabajan para nosotros. Si tú te conviertes en mejor líder, la organización entera crece contigo. No sólo debemos desarrollar a los líderes debajo de nosotros, sino que debemos animarlos a que busquen mentores externos, quienes también podrán desarrollarlos en maneras que nosotros no podemos. Los líderes deben contar con varias personas que los estén desarrollando.

Se suele decir, "Es un líder nato". Con todo respeto, yo estoy en desacuerdo. Los líderes no nacen; se hacen, como se hace el pan. El desarrollo del liderazgo es una actividad intencional. El pan de pasas no aparece por su propia cuenta, aunque dejemos los ingredientes sobre la mesada de la cocina toda la noche. Alguien debe conscientemente tomar los ingredientes y amasarlos, darle a la mezcla la correcta cantidad de temperatura y permitir que leve, luego aplastarlo y comenzar el levado nuevamente hasta que la masa tenga la consistencia perfecta. Sólo así podrá elevarse por encima del borde del molde. Ayudar al crecimiento de un líder implica esta misma clase de actividad intencional.

LA MATERIA PRIMA

Creo que todos poseen los ingredientes que se necesitan para ser un líder. Todos somos líderes en diferentes momentos y lugares, ya sea en nuestras familias, iglesias o lugares de trabajo. De manera que, si todos tienen la capacidad de ser líderes, ¿cómo se explica la diferencia de capacidad entre líderes?

Si pudiéramos medir a las personas en una escala de liderazgo del uno al diez, algunas personas sólo alcanzarán el nivel tres mientras otros alcanzarán el nivel diez. Los ingredientes están allí, pero nunca parecen ligarse para lograr su pleno potencial. Allí es donde entramos nosotros. ¿Cuánto podrán lograr nuestros líderes si invertimos tiempo en desarrollarlos?

Hay tres ingredientes clave que, cuando son combinados correctamente, afectan el desarrollo del liderazgo. El primero es la materia prima propiamente. La inteligencia de un individuo, su salud física y emocional, su nivel de energía, y su personalidad jugarán un papel en la clase de líder que llegará a ser.

El segundo es el contexto en el que son desarrollados. Algunos líderes se desarrollan mejor a través de un entrenamiento tranquilo, individual. Otros líderes aprenden por error y acierto, trabajando en medio de exigentes desafíos de liderazgo mientras se les alienta desde las gradas.

El tercer ingrediente es la persona que realiza el desarrollo. A la larga, un mentor sólo puede enseñar lo que él o ella ya conoce.

Del mismo modo en que los concursantes en un espectáculo de cocina reciben un número limitado de ingredientes, el resultado en el desarrollo del liderazgo estará determinado por la manera en que el mentor utilice los ingredientes dentro de un determinado contexto. Un líder tímido quizás necesite recibir un tipo de entrenamiento tranquilo y alentador. Si es entrenado por un mentor que cree en el método de la prueba de fuego, ese líder no crecerá demasiado. De la misma manera, si el líder en desarrollo prospera a través de los desafíos, pero le faltan oportunidades para poner en práctica sus nuevas capacidades, no alcanzará su potencial pleno.

Desarrollar y mentorear a líderes es como enseñar a caminar a los bebés. Al principio, los padres les ayudan a pararse por sí mismos sin caerse. Una vez que el bebé ha dominado el poder pararse, los padres se alejan un poco y alientan al bebé a dar un paso. Finalmente, los padres cruzan la habitación y motivan al bebé a venir hacia ellos. Si el bebé comienza hacia la dirección equivocada, los padres lo giran. Cuando parece que el bebé va a encontrarse con obstáculos, los padres corren para protegerlo. Y, por supuesto, un buen padre siempre levanta a su bebé cuando se ha caído y le ayuda a comenzar de nuevo.

Lleva tiempo que los bebés aprendan a caminar, y lleva tiempo que los líderes desarrollen sus capacidades. Es un proceso de aprendizaje que continúa. No existe tal cosa como un líder completamente desarrollado. Es un mito.

EL PODER DEL MENTOREO

Yo suelo decir que soy líder por accidente. Hasta hace poco, yo nunca había sido mentoreado, de modo que mentorear a otros no me resultaba sencillo. Como resultado, el mentoreo que yo hice también fue accidental. Yo creía que mentorear a otros significaba recomendar buenos libros que yo había leído sobre administración. Yo no creé líderes intencionalmente; en consecuencia, cuando vi a líderes levantarse por sí mismos, no sabía qué hacer con ellos. En algunos casos, me sentí amenazado por su potencial, así que hice cosas tontas para disminuir su compromiso. Como resultado, todos nos convertimos en disfuncionales.

He madurado a través de esas experiencias y ahora entiendo que yo debía crecer personalmente antes de poder mentorear con éxito a otros. Una de las claves en mi propio crecimiento fue rodearme de personas mejores que yo. A veces a los nuevos líderes esto les resulta demasiado intimidante; temen que sus velas no brillen lo suficiente en una habitación llena de fogatas. Prefieren mantenerse en la oscuridad, donde ellos tienen las únicas luces que brillan. Pero la verdad es que no lo sabes todo, y no deberías temer pedir ayuda. Comprender tus propias insuficiencias significa que es menos probable que las transmitas a otros. Aprender de aquellos que tienen mayor experiencia y mantenerte humilde respecto a tus propias limitaciones ayudará a desarrollarte y desarrollar más completamente a otros.

En este momento, yo tengo once mentores y cada uno me habla acerca de un área diferente de mi vida. ¿Cómo encontré a estos mentores?

- Categoricé cada área de mi vida en la que necesitaba constante mentoreo y entrenamiento.

- Identifiqué a personas que tuvieran capacidades y conocimientos especializados en esas áreas.

- Les pregunté.

Entonces, ¿qué es mentorear? John C. Crosby, director ejecutivo de *The Uncommon Individual Foundation* [Fundación del individuo fuera de lo común], una organización dedicada exclusivamente al mentoreo, dijo, "Mentorear es un cerebro para analizar, un oído para escuchar, y un empujón en la dirección correcta". En su libro, *The Kindness of Strangers [La amabilidad de los desconocidos]*, Marc Freedman escribió, "Mentorear tiene que ver mayormente con pequeñas victorias y cambios sutiles". Tiene razón. Mentorear no tiene que ver con las cosas grandes; tiene que ver con las pequeñas.

Yo creo que desarrollar a un líder comienza con pasar tiempo con él. ¿Conoce él cuáles son sus talentos? ¿Los está aprovechando? Si no fuera así, ayúdalo a desarrollar tanto la comprensión como el ejercicio de sus talentos exclusivos. Al hacer esto ganas su confianza mientras él percibe que tú no estás tratando de cambiarlo, sino que estás tratando de hacer de él la mejor versión de sí mismo.

DESDE ADENTRO HACIA AFUERA

Como escribe Jennifer Schuchmann en su libro, *Your Unforgettable Life* [Tu vida inolvidable], "¿Se consideran los vicepresidentes de la Ford Motor Company a sí mismos 'gente de autos'? ¿Se consideran los líderes de Unilever 'fabricantes de jabón'? Los ejecutivos de Walmart ¿se consideran a sí mismos, 'especialistas de la venta por menor'?".

No. Una vez que los ejecutivos alcanzan un cierto nivel de liderazgo, ya no se trata de gestionar el producto o servicio. Se trata de liderar a personas. Si los ejecutivos de estas compañías dependieran de sus habilidades para producir automóviles, fabricar jabón y vender artículos de aseo, no se definirían como grandes líderes. El verdadero liderazgo tiene que ver con gestionar personas e ideas. Los buenos líderes pueden cambiar fácilmente de compañía en compañía o inclusive de industria en industria. Sus talentos no se demuestran en sus productos; se demuestran en su gente.

Es por eso que nos animo a abrazar nuestra responsabilidad de *desarrollar* líderes estratégica y espiritualmente. Cuando desarrollamos a otros, necesitamos dedicar tanto tiempo a la vida interior como a las partes que se pueden ver. El liderazgo trata de cómo *ser*, no de cómo *hacer*. Del *quién*, no del *qué*.

Necesitamos preparar a los líderes que desarrollamos. Ellos deberán ser cultivados a nivel personal. Si no nos tomamos el tiempo de asegurarnos que ese individuo esté preparado, nuestro mentoreo será nulo. Pero si tomamos tiempo para preparar correctamente a las personas, entonces nuestro mentoreo les ayudará a cambiar desde adentro hacia afuera.

Los líderes deben comprender que, para desarrollarse de verdad, primero deberán trabajar en sí mismos; sólo entonces podrán enfocarse en otros. Trabajar en sí mismo incluye todas las áreas de sensibilidad y susceptibilidad interiores de su persona. También incluye las cosas básicas respecto a sus trabajos, tales como lograr que el trabajo se cumpla, responsabilizar a su gente por lo que hacen y mantenerse enfocados. Una vez que tengan esto bajo control, podrán enfocarse en otros, trabajar para profundizar el compromiso de su equipo, manejar los conflictos y vencer obstáculos.

Quizás la mejor manera de ver el progreso en las personas a quienes estás mentoreando sea cuando observes que ellos están mentoreando a otros. Han progresado desde liderar proyectos hasta manejar personas. No todas las personas a las que trates de desarrollar harán esta transición. Algunos lo intentarán y fallarán y nunca más volverán a intentarlo. Pero cuando vemos a ese líder adueñarse finalmente del desarrollo de otro líder, quizás veamos el techo elevarse para dar lugar a la capacidad creciente de nuestro equipo de sostenedores de escalera.

CAPÍTULO 3
DESPLEGAR

Nadie puede ser un gran líder si no se alegra sinceramente por los éxitos de quienes están debajo.
—W. H. Auden, poeta y autor

El proceso de desarrollar a los sostenedores de escalera y luego desplegarlos puede, a veces, resultar amenazante. ¿Por qué? Si lo estamos haciendo correctamente, estaremos preparando a personas que podrán cubrir nuestro lugar y hacer nuestro trabajo en cualquier momento. Estos temores se basan en el concepto erróneo de que ignorar la necesidad de un sucesor, de alguna manera, dará seguridad laboral al líder. Nos podemos preguntar: *¿Qué ocurrirá si las personas a las que yo entreno resultan más exitosas que yo? ¿Y si son mejores que yo en el trabajo que hago?*

ESTRATEGIA DE EXPANSIÓN

Estos temores son naturales, pero debemos deshacernos de ellos. Finalmente, el techo se elevará, y deberíamos ser nosotros quienes lo levantemos. Tener líderes adicionales en lo alto de la escalera puede ayudar a levantar las vigas del techo. Piensa cuánto podría crecer una organización si hubiese dos arriba. ¿Y si hubiera cuatro o quizás hasta dieciséis líderes principales? Equipar a líderes para hacer lo que tú haces no es necesariamente una estrategia de salida; podría ser una estrategia de expansión.

Se le preguntó a un director de orquesta que dirige a cientos de músicos profesionales, "¿Cuál es el instrumento más difícil de tocar?". No dudó en su respuesta. "El segundo violín. Cualquiera puede tocar el primer violín, pero tocar el segundo es mucho más difícil".

Esto tiene sentido. Los que se encuentran en el segundo lugar a menudo están realizando el mismo tipo y la misma cantidad de trabajo que aquellos en el primer puesto. En algunos casos, podrían estar haciendo incluso más, si ayudan creando interferencia para mantener a las personas alejadas del puesto superior. Reciben menos reconocimiento y menor compensación; y si se rompiera una cuerda, deben estar dispuestos a entregar su instrumento a los que tocan en los primeros puestos.

Cuando el primer puesto se retira, el segundo puesto debe superar los estereotipos y rumores acerca de que nunca ha sido lo suficientemente bueno para ese puesto y, aun a pesar de todo esto, encontrar la manera de llevar a cabo su trabajo. Ayudar a los que están en el segundo lugar no debería resultar amenazante; debería ser un honor.

Cuando nuestra etapa culmine, podremos dejar tres cosas. La primera son los recuerdos. La segunda es un líder bien desarrollado. La tercera, y quizás la más importante, es un techo que se encuentra más alto de lo que estaba cuando llegamos.

DE ESCALADORES A SOSTENEDORES

Al leer lo que hasta ahora he escrito, quizás supongas que, si tú eres líder, lo único que debes hacer es concentrarte en desarrollar a otros sostenedores de escalera. Esa es sólo la mitad del concepto.

Ésta es la otra mitad: todo verdadero discípulo de Jesús sostiene la escalera de alguien. Ese es el plan de Dios. Nos necesitamos, y cumplimos el plan de Dios cuando sostenemos las escaleras de otros.

Solemos olvidar que aquellos de nosotros que somos líderes, somos a la vez escaladores de escaleras y sostenedores de escaleras. Además, siempre seremos sostenedores de escaleras, aun cuando seamos avezados escaladores de escalera. Los líderes efectivos comprenden que están sosteniendo la escalera para alguien, ya sea la escalera de su socio, la de otro pastor o la de un líder de organización con ideas afines. Dios nos ha llamado a todos a sostener la escalera de otros.

Los líderes efectivos reconocen dos realidades:

1) En el liderazgo siempre tendremos necesidad de sostenedores de escalera.

2) En el liderazgo también sostendremos la escalera de otro. Estamos destinados a apoyar, asistir y ayudar a otros en su escalada de ascenso.

Otra manera de entender esto es preguntarte, ¿*Qué clase de sostenedor de escalera quiero tener?* Si deseas desarrollar escaladores de escalera excelentes, deberás convertirte, tú también, en un excelente sostenedor de escalera. Si tú eres líder, este es mi desafío: ¿A quién le puedes sostener la escalera? ¿A qué líder de negocios puedes mentorear? En lugar de mirar a posibles contratados para preguntarte, "¿Cómo me pueden servir?" pregunta "¿De qué manera puedo servirles?".

La intención de Dios siempre fue que el servicio fuese un camino por el que se viaja en ambas direcciones. Es la ley de la reciprocidad, y nos enseña que lo que damos se nos devolverá. Eso es absolutamente cierto; sin embargo, el problema es que solamente podemos dar de lo que tenemos. Solamente podemos transmitir lo que poseemos. Si no somos buenos sostenedores de escalera, ¿cómo podemos pretender tener buenos sostenedores de escalera que nos ayuden?

Me recuerda a la ley del diezmo en el Antiguo Testamento. Dios requería que todos los judíos fieles dieran el diez por ciento de sus ingresos para el sostén de los sacerdotes (sostener sus escaleras). Ese no es el final de la ley. Los sacerdotes luego daban el diez por ciento para el sostén del sumo sacerdote. Hasta los sacerdotes tenían escaleras que sostener. Esa es siempre la manera en que Dios hace las cosas.

Si cada uno de nosotros reconoce este principio, significa que, aunque seamos líderes, también somos sostenedores de escaleras. A continuación, algunas otras preguntas sobre las cuales reflexionar:

- ¿Poseo las cinco cualidades de los buenos sostenedores de escalera?

- ¿Sostengo intencionalmente la escalera de otro?

- ¿Soy confiable como sostenedor de escalera?

- ¿Cuándo fue la última vez que pasé por al lado de un líder visionario y me dije, "Realmente me gusta su visión y me gusta lo que está haciendo, quiero trabajar con él y asistirle sosteniendo su escalera"?

- ¿Cuándo fue la última vez que me pregunté, "a qué líder puedo ayudar"? (Con demasiada frecuencia solamente estamos buscando quien nos ayude a nosotros).

¿Qué dice de mí que siempre busque quien sostenga mi escalera, pero soy reacio a sostener la escalera de otra persona? Hay un antiguo dicho que dice que la mayoría de los predicadores cruzaría al otro extremo de la tierra para predicar un sermón, pero no cruzaría la calle para escuchar una prédica. ¿Es eso verdad acerca de ti? Aquí hay más preguntas para hacerte:

- ¿Cuándo fue la última vez que asistí a una conferencia sobre liderazgo en la que yo no fuera uno de los oradores?

- ¿Cuándo fui a una conferencia solamente para escuchar a otro?

- ¿Cuándo fue la última vez que leí un libro y pensé, *realmente me gusta esto*, y luego le escribí al autor?

- ¿Cuándo fue la última vez que vi un anuncio publicitario de otra persona en una revista y dije: "Quiero servir a esa persona"?

Es el principio, que también se encuentra en la Biblia, por el que cosechamos lo que sembramos. Si siembras el sostener escaleras, cosecharás a quienes sostengan tu escalera. Recibimos por dar. Esta verdad se aplica tanto al sostener escaleras como a cualquier otra cosa. Para muchos de nosotros en el liderazgo no resulta fácil ser sostenedores de escaleras.

EL MENTOR INTENCIONAL

Aún recuerdo la pregunta que me hizo mi amigo, Tom Fortson. Tom, quien en aquel entonces era vicepresidente ejecutivo de Cumplidores de Promesas (Promise Keepers), un día visitó nuestra universidad y lo invité a recorrerla. En las escalinatas de nuestra capilla se detuvo y preguntó, "¿Puedes decirme cuándo te convertiste en líder?".

"No, realmente no podría", le dije. En seguida mi mente retrocedió a algo que John Maxwell alguna vez me había contado acerca de sí mismo. Si Tom Fortson le hubiera preguntado a John cuando él se había convertido en líder, John hubiera sabido cómo responderle. Para él, ese momento decisivo había ocurrido durante su escuela primaria. La clase había organizado un simulacro de tribunal. Los alumnos eligieron el jurado, el acusado, el abogado defensor, y el fiscal. La clase eligió a John para que fuera el juez. Debido a la confianza que ellos depositaron en él ese día, John supo que él llegaría a convertirse en líder.

Le relaté esa historia a Tom Fortson y añadí, "Yo no tengo una historia como esa. Yo soy de aquellos a quienes el liderazgo les fue revelado de a poco".

La pregunta de Tom permaneció conmigo, y he pensado en ella muchas veces. Cuando hablo en las iglesias, descubro que la mayoría de los pastores principales también son líderes accidentales. Y lo mismo ocurre cuando pregunto acerca del liderazgo dentro del mercado.

No recuerdo una sola ocasión durante mi tiempo en la escuela bíblica, seminario o experiencia denominacional en el que alguien haya señalado mi capacidad de liderazgo. Nunca nadie me dijo, "Veo potencial en ti. Cosas buenas van a acontecer en tu vida. ¿Puedo caminar contigo? ¿Puedo sostener tu escalera?".

Excelentes personas me han dado consejos excelentes; otros me han abierto puertas. Nadie ha caminado conmigo como sostenedor de mi escalera.

Entender que nadie me ha mentoreado abierta e intencionalmente ha provocado que yo me convierta en más intencional al mentorear a otros. Esta es mi manera de sostener escaleras.

Para algunas personas, esa habilidad fluye libre y simplemente lo hacen. Dado que la habilidad les viene naturalmente, rara vez piensan en esto. A otros, como yo, no nos resulta fácil porque no tenemos modelos a seguir para guiarnos. Dado que nunca fui intencionalmente mentoreado, no conozco las pistas por las que debo correr. Soy un líder accidental, pero no deseo ser un mentor accidental.

A continuación, algunas últimas grandes preguntas:

- ¿A quién le estás sosteniendo la escalera en este momento?

- ¿Quién está escalando y confiando en que tú te encuentras allí abajo, apuntalando su escalera?

- ¿Quién está escalando alto porque tú te saliste del camino y le dijiste, "Deja que yo te apoye"?

- ¿Quién mirará para atrás algún día y dirá, "Pude elevarme a doce metros de altura porque tú sostuviste mi escalera"?

Tenemos la oportunidad de ser sostenedores de escalera para alguien. Dado que nadie lo ha hecho por nosotros, quizás nos resulte difícil comprometernos intencionalmente a sostener escaleras, pero no es imposible. Y ese no es ningún pretexto. Sólo quiere decir que, tal vez, implique un poco más de esfuerzo para nosotros, los líderes accidentales, el convertirnos en servidores intencionales. Pero lo podemos hacer. Podemos comprometernos a aprender a sostener las escaleras para que otros puedan subir alto y algunos de ellos remontarse quizás más alto que nosotros.

Nunca nadie escaló el Monte Everest sin un equipo. Algunas personas escalan el Monte Stone a las afueras de Atlanta porque se trata de un sendero relativamente sencillo y no necesitan un equipo. No importa cuán alto nos encontremos debemos estar sosteniendo la escalera de alguien más; ese es el plan de Dios.

Como líderes, cuando comenzamos a subir, nuestra decisión más importante será elegir los sostenedores de escalera correctos. Como sostenedores de escaleras, nuestra decisión más importante es seleccionar las escaleras que sostendremos.

Me gusta pensarlo de esta manera. Cuando logramos grandes cosas sobre nuestra propia escalera, nos acordamos de lo que hemos hecho. Cuando intencionalmente sostenemos las escaleras de otros y ellos logran grandes cosas, ellos se acuerdan de nosotros. Sus logros se convierten en nuestro legado.

PARTE II

DOMINANDO LOS PELDAÑOS

INTRODUCCIÓN

Ahora que estamos descubriendo, desarrollando y desplegando a nuestros sostenedores de escalera, es hora de comenzar a escalar. En la Parte II de este libro, identificaré diez habilidades que los líderes deben desarrollar dentro de sí mismos mientras suben la escalera y realizan su visión.

Uno de los factores clave para el éxito en estas habilidades no tiene ninguna relación con la habilidad, sino con algo mucho más profundo. El profesor y autor Joseph Campbell dijo alguna vez, "Quizás no haya nada peor que llegar a la cima de la escalera y descubrir que estás sobre la pared equivocada". Lo que quiso decir es que demasiadas personas toman lo que él llamaba el camino prudente en la vida; por lo tanto, se pierden el gozo de ser parte de algo realmente importante. Antes de comenzar la subida, debes hacer dos cosas:

1) *Debes decidir dónde quieres ir.* ¿Por qué estás en la escalera en primer lugar? ¿Qué herramientas necesitas mientras subes la escalera? ¿Qué herramientas necesitarás cuando llegues a la cima? Una de las cosas que aprendí durante mis días de estudiante, cuando pintaba, es que es demasiado cansador y demasiada pérdida de tiempo subir y bajar esa escalera. Yo debía asegurarme de tener todo preparado antes de comenzar.

2) *Debes tener claridad acerca de tu visión.* Deberás poder contarles a tus sostenedores de escalera por qué estás allí arriba y hacia qué meta estás yendo. Cuando alcances cierta altura y la escalera se balancee, mejor que sepas por qué estás allí. Cuando pases por esos momentos turbulentos —y todos los pasamos— será mejor que tengas claro tu motivo para estar tan alto y lejos del piso.

En otras palabras, los líderes deben primero definir el *qué*: aquello que quieren que se haga. Una vez que conocen esa respuesta, deberán tener claridad acerca del *por qué*. El *por qué* es la motivación para el *qué*, y va mucho más profundo que el *qué* y te sostiene a través de los inevitables desafíos con los que te encontrarás en tu viaje de liderazgo.

A la edad de cuarenta y cuatro años, finalmente descubrí quién era y cuál era mi llamado: ayudar a otros a alcanzar el éxito. Disfruto de hacer desarrollo de liderazgo, y alimenta mi pasión. Me trae contentamiento a un nivel más profundo. Con la misma claridad con la que percibo quien soy, también me es claro quien no soy y qué cosas no quiero hacer. Soy una persona motivada por la oportunidad de desarrollar a líderes.

Al trabajar en el desarrollo de liderazgos, se me ocurrió que se habla mucho acerca de las experiencias cercanas a la muerte. Estoy convencido de que la mayoría de las personas tienen lo que yo llamo experiencias cercanas a la vida. Llegan muy cerca a estar completamente vivos, pero nunca descubren quiénes son realmente. Nunca trabajan apasionadamente en aquello en lo que son buenos. Hasta que descubras quién eres, no subirás los peldaños de la escalera que Dios quiere que subas.

Algunas preguntas del "peldaño inferior" que debes hacerte incluyen:

- ¿Qué me apasiona?

- ¿Cuáles son mis dones y talentos?

- ¿A qué clase de trabajo me está llamando Dios?

- ¿Qué cosas me resultan frustrantes?
- ¿Qué cosas me hacen llorar?
- ¿Qué me trae alegría?

Si puedes conectarte con estas cosas, estos conceptos existenciales de la vida, obtendrás los mejores resultados al ascender la escalera del liderazgo.

Además de identificar tus motivaciones centrales, debes dedicar esfuerzo a la *formación de capacidades*. La mayoría de los líderes de mi generación, la generación boomer, somos *líderes accidentales*. Caímos de imprevisto dentro del liderazgo. No recuerdo que nadie me haya dicho, "Sam, veo potencial en ti".

Las personas me mandaban señales, pero nadie dijo, "Querría hacer este viaje contigo. No es necesario que me llames mentor. Aquí tienes mi número de teléfono. Llámame cuando quieras. De hecho, si no te molesta, me gustaría mantenerme en contacto contigo y ver como avanzas".

¡Cómo hubiera deseado que alguien hiciera eso!; como también lo hubieran deseado muchos otros líderes accidentales.

Este es el desafío. Sólo puedes dar lo que tienes. No puedes transferir lo que no posees, porque tendemos a enseñar de la manera que fuimos enseñados. ¿Vas a imponer el mismo liderazgo accidental sobre la próxima generación? ¿O vas a tener un plan?

Cuando consulto con líderes de iglesias o con ejecutivos de negocios, encuentro que los mismos desafíos son comunes a todos los líderes. Sin importar si estás liderando una pequeña iglesia o una compañía Fortune 500, existen diez desafíos comunes que todo líder comparte. Veremos cada uno en detalle.

Como presidente de una universidad, he tenido que enfrentar estos mismos diez desafíos. Cada vez que los confrontaba pensaba, *Soy el único que alguna vez ha tenido que enfrentar esto*. Pero ahora, como consultor de liderazgo, hablo con miles de líderes cada año y he aprendido que los líderes tienen más cosas en común que diferencias.

Tú no eres el único que debe enfrentar esos obstáculos. Puedes aprender a reconocer patrones de fracaso y éxito de aquellos que han enfrentado circunstancias similares. Estos desafíos no son una etapa por la que pasas una vez y a la que nunca regresas. No aprendes a manejar un desafío una vez y luego nunca más tienes que enfrentarlo. Por el contrario, seguirás enfrentando los mismos obstáculos a través de toda tu vida personal y profesional.

Piénsalo. ¿Cuántos de nosotros hemos dicho, "Si solamente me pudiera organizar"? El pensamiento implícito es que si lo logramos una vez nunca más lo tendremos que hacer. No es así. Quizás temporariamente controlemos el desorden pero, al ir asumiendo mayor responsabilidad, esta vendrá acompañada de más desorden. Ya sea que el desorden se encuentre en nuestra oficina (mayor cantidad de papelería), nuestro tiempo (mayor número de reuniones), o nuestra mente (falta de enfoque), el desafío seguirá allí.

Los diez desafíos presentados en esta parte del libro no son una piedra en medio de la carretera que esquivas una vez y nunca más la ves. Si tienes dificultades tratando con un presupuesto de dos millones de dólares, imagínate cómo será manejar un presupuesto de cincuenta millones de dólares. Si tienes desafíos con cinco empleados, piensa en los desafíos que tendrás con un equipo de 157 empleados. No, estos desafíos no son piedras que tienes que esquivar; son desafíos que seguirán sacudiendo tu mundo. Cuanto más alto te encuentres en la escalera, más se sentirán las repercusiones que sacudirán a la escalera desde abajo hacia arriba.

Como líder, es tu tarea aprender a asirte de la escalera aun cuando esté siendo sacudida. También es tu responsabilidad resolver cómo evitar y minimizar esos sacudones en el futuro. ¿Puedes reducir las repercusiones? ¿Puedes evitar que se balancee en la parte alta? ¿Puedes asegurarla mejor desde abajo?

Comprender estos desafíos te ayudará a afirmar tus cimientos. Los desafíos continuamente sacudirán tu escalera, pero tú puedes aprender a sostenerte mientras se balancea, anticipar las sacudidas y evitar que se sacuda todo el día.

CAPÍTULO 4
ENFOQUE

El enfoque se refleja por la capacidad para identificar y dedicar la mayor parte de tu tiempo y de tus energías a los "pocos asuntos críticos", mientras logras también ocuparte de los "muchos importantes".
—Sam T. Manoogian, consultor de liderazgo independiente

Como líderes, a menudo se nos presentan tantas oportunidades que resulta difícil enfocarse en una sola. Este dilema no es exclusivo de pastores e iglesias. Los líderes de negocios también se enfrentan a la misma dificultad al sumar nuevos productos y servicios, o al modificar su enfoque de mercado, o al evaluar oportunidades de expansión. Cuando enfrentamos decisiones abrumadoras, ¿cómo nos enfocamos en los "pocos críticos" y a la vez seguimos manejando los "muchos importantes?".

Enfocarse no es difícil; mantener el enfoque lo es.

Como presidente de una universidad, siempre había personas que querían presentarme algo nuevo en lo cual enfocarme. Venían a verme con ideas para cursos adicionales o alguna nueva orientación para la Universidad.

"Deberías ofrecer una licenciatura en este campo".

"Sabes, hay una gran necesidad de este servicio en el mercado".

"Si hicieras este evento, estoy seguro de que tendríamos mucha respuesta".

Empleados, clientes y miembros de la iglesia nos presentarán sus propias agendas, haciendo que el mantenernos enfocados resulte el desafío más grande al que tengamos que enfrentarnos cada día en cada nivel del liderazgo. Aunque sus ideas pueden ser dignas de consideración, nos podrían distraer de nuestra misión. Cada mañana llegamos a la oficina con un plan, pero si no somos cuidadosos, nuestros planes podrían ser modificados por los planes de otros. Nuestras agendas se llenarán con toda certeza. Nosotros debemos ser quienes las llenemos.

Todos hemos tenido días en los que sentimos que no hemos logrado nada. Nos sentimos como una Ferrari transitando por una zona escolar; no podemos aprovechar toda su potencia. Hemos dedicado diez por ciento a este proyecto y doce por ciento a aquel proyecto, pero no hemos apretado el acelerador a fondo en ningún proyecto en particular. ¿De este modo, cómo podemos concretar alguna cosa?

Satanás probablemente nunca nos tiente a robar un banco, a consumir cocaína o a engañar a nuestro cónyuge. Él no necesita hacer eso si puede evitar que logremos cosas. En vez de quitarnos nuestros trabajos por culpa del pecado, él puede mantenernos dentro de nuestros trabajos no haciendo nada. Podremos permanecer y ser ineficaces y él habrá ganado. Lo que él no pueda contaminar, lo diluirá.

Al ir creciendo nuestras organizaciones, siempre habrá más para distraernos. Si observamos con cuidado a nuestras organizaciones y vemos que las personas están confundidas, antes de culparles, debemos detenernos para preguntar, "¿Cuán enfocado estoy?". Cuando nos desenfocamos, nuestra gente no sabe cómo reaccionar y no puede avanzar.

SEÑALES DE ADVERTENCIA

Algunas señales de que estamos desenfocados son:

> 1) *Estar marginado*. Nuestro aporte e influencia se ven reducidos o limitados a solamente unas pocas áreas. Las decisiones se toman sin nuestro aporte o asistimos a las reuniones para dar nuestro voto en algún

asunto, aunque en realidad no tiene importancia porque ya tienen los votos necesarios.

2) *Estar desviados.* Nuestro tiempo y nuestros pensamientos están ocupados en asuntos no esenciales, o los recursos se utilizan para cosas innecesarias.

3) *Ser atacados.* La oposición y los ataques evidentes quitan nuestro enfoque de los asuntos más importantes. Como dije anteriormente, quizás no se trate de un pecado notorio el que Satanás utilice para atacarnos; podría tratarse de una gran cantidad de distracciones.

4) *Ser seducidos.* Complacer a nuestros aliados es más importante que permanecer sobre un rumbo difícil.

Sabemos que es difícil mantenerse enfocado. Quizás hasta te resulte difícil continuar leyendo a causa de las múltiples distracciones que enfrentas en este momento. Pero si dejas de leer cada vez que suena tu teléfono, llega un mensaje electrónico o aparece una notificación en los medios sociales, nunca llegarás a las soluciones que estás deseando encontrar. Mantenerse enfocado es difícil aun cuando sabes que debes hacerlo.

EL SIGNIFICADO DE ENFOCARSE

Enfocarse significa poner las cosas importantes en primer lugar y dejar todo lo demás en segundo lugar. Si podemos quitar lo insignificante y aunarnos detrás de la visión, siempre estaremos enfocados.

Pero para que obtengamos enfoque en nuestras iglesias y organizaciones, no solo debemos estar enfocados nosotros, sino que también lo deben estar todos los que trabajan con nosotros. Debemos enseñarles a estar enfocados desde el momento en que los contratemos o empleemos.

La mayoría de los líderes puede realizar ocho tareas a la vez y hacerlas bien. Pero a veces, equivocadamente, tienen las mismas expectativas acerca de las personas que trabajan para ellos. Como líderes, están acostumbrados a desempeñar muchas tareas a la vez y sienten orgullo de esta capacidad, de modo que, inadvertidamente, fomentan esto en las personas que trabajan para ellos. Hasta llegan a expresar cosas como, "En este lugar todos usan cinco sombreros".

Aun cuando es verdad que existen momentos en la historia de una organización en los que todos deben participar y colocarse hasta quince sombreros, con el crecimiento de la organización debemos incorporar personas capacitadas en áreas específicas, y debemos empoderarlos para emprender esas tareas, asegurándonos que no se les asignen roles adicionales, simplemente porque su competencia está en aquello para lo que han sido contratados.

A veces los líderes contratarán a alguien y le dirán, "Treinta por ciento del tiempo estarás haciendo esto, y setenta por ciento del tiempo estarás haciendo aquello". Suena bien y aún puede verse bien en los papeles, pero, a menudo, lo principal termina siendo lo que más se descuida. Al final, la culpa no será del empleado si no del líder que no lo mantuvo enfocado. Como líderes, debemos ayudar a aquellos que nos rodean a comprender y conservar su enfoque.

Y nosotros debemos conservar el nuestro. A veces queremos ayudar a nuestra gente a hacer sus trabajos, en lugar de guiarlos. Sabremos que estamos queriendo hacer su trabajo, en lugar de guiarlos, cuando digamos cosas como estas:

"Mira, yo puedo ayudarte con eso".

"Yo te ayudaré a terminarlo; hice uno similar en alguna ocasión".

"Nos sentemos para revisar todo lo que vas a necesitar para el proyecto".

"Sí, hicimos ese programa en la iglesia a la que asistía antes. Déjame que busque mis archivos".

Si cada persona en la organización, incluyendo el líder, utiliza un solo sombrero, podremos pedir y obtener mayores niveles de responsabilidad y rendimiento. Nuestro enfoque debería estar en guiar a las personas al sombrero correcto y ayudarles a mantenerlo sobre sus cabezas.

EL FLUIR DEL ENFOQUE

¿Cómo encontramos nuestro enfoque? Quizás pensemos que tomando un block de notas y confeccionando un listado de las cosas que necesitamos hacer podemos definir nuestro enfoque. Tomamos la lista de dieciocho o ciento dieciocho tareas y tratamos de combinar los ítems para obtener una gran piedra de todas nuestras piedras pequeñas. Luego priorizamos esas piedras y seleccionamos una de ellas como nuestro enfoque para ese día. Pensamos que confeccionar una lista producirá enfoque. Pero la lista de cosas a hacer sólo muestra en *qué* nos estamos enfocando. El en *qué* nos enfocamos siempre deberá fluir desde *quiénes* somos.

El lugar de inicio para encontrar nuestro enfoque siempre deberá ser una pregunta como éstas: *¿Quién soy? Si yo me muriese hoy, ¿qué es lo que más lamentaría no haber hecho?*

Una vez que definimos *quiénes* somos, podremos ocuparnos del *qué* porque el *qué* tiene que fluir a partir de nuestro *quién*. Esto se aplica a nuestra organización entera porque la organización es un reflejo de la visión del líder, o el *quién* del líder. La manera en la que llevamos a cabo nuestra visión es *lo que* hacemos. Nuestras organizaciones no pueden realizar el *qué* hasta comprender el *quién*.

Los programas de una iglesia deberán ser el resultado de la visión del líder para su iglesia. Si algún programa no cabe dentro de la visión, la iglesia no debería estar haciéndolo. No significa que el programa sea malo; sólo significa que no es para esa iglesia en ese momento.

Es importante encontrar nuestro enfoque, aunque también debemos saber que, en diferentes ocasiones en la vida, nuestro enfoque cambiará. Al ir madurando, algo dentro nuestro dice, "Quiero dedicar más tiempo a menos cosas". Nuestro enfoque se reducirá aún más.

EL ENFOQUE ES COMUNICABLE

Una vez que conocemos nuestro enfoque, debemos comunicarlo a toda nuestra organización. El proceso de comunicación de la visión de manera concisa podrá ayudarnos a agudizar nuestro propio enfoque. Necesitamos poderlo comunicar en trozos sólidos y pequeños. Si no podemos resumir la visión de manera que quepa en una camiseta, ¿será que realmente estamos tan enfocados? ¿O podríamos refinar el enfoque aún más? En segundo lugar, es más probable que nuestra gente trabaje hacia el cumplimiento de nuestra visión una vez que tengan claro cuál es.

Muchas personas van a su empleo para hacer un trabajo. Aprenden cosas específicas tales como el uso de software o cómo fabricar un camión. Pero, cuando nos tomamos el tiempo de enseñar a las personas el *por qué* están haciendo *aquello* que están haciendo, les estamos ayudando a tener una mejor comprensión de su enfoque. De pronto, no están simplemente fabricando un camión; están desarrollando transporte confiable para personas que llevan alimentos a las familias a través del supermercado. Ya no están ingresando nombres a una base de datos si no que se están asegurando de que las personas que visitan la iglesia sean prontamente ministradas. Al compartir quiénes somos y de qué manera la tarea que ellos realizan se relaciona con nuestra visión, les enseñamos que también es importante quiénes son ellos.

Lograr que las personas piensen de esta forma aumentará el nivel de diálogo acerca del enfoque dentro de la organización. Si promovemos conversaciones honestas y abiertas, seguramente encontraremos que las personas a nuestro alrededor comienzan a plantear preguntas difíciles e interesantes. Al principio esto quizás nos pueda incomodar, pero no debemos sentirnos amenazados. Las preguntas son señales de que están pensando a nivel organizacional. Esta clase de diálogo puede ayudar a nuestra gente a tomar mejores decisiones y a aprovechar su tiempo y sus recursos de manera más sabia.

Nuestro enfoque es nuestra luz. Aunque esté difusa, puede alumbrar una habitación. Pero cuando está concentrada, enfocada como rayo láser, no existe herramienta de liderazgo más poderosa.

CAPÍTULO 5
COMUNICACIÓN

El líder debe ser práctico y realista, pero a pesar de eso debe hablar el lenguaje del visionario y el idealista.

—Eric Hoffer, filósofo americano

Existen dos prototipos de pensadores: los concretos y los abstractos. Su estilo de pensamiento será acorde a su manera de pensar preferida. Los líderes generalmente son pensadores abstractos. Hablan con expresiones abstractas. Son grandes visionarios. Sin embargo, los seguidores o hacedores generalmente son pensadores concretos. Cuando hablan, emplean términos específicos, concretos. La diferencia entre los estilos de comunicación de líderes y seguidores puede llevar a confusión.

Ahora, como líderes, es aquí donde a menudo lo estropeamos. No tomamos en cuenta de qué manera serán recibidos nuestros mensajes por los pensadores concretos en la organización que lideramos. Simplemente se los arrojamos sin la menor consideración hacia cómo serán oídos. Por ejemplo, un pastor le dirá a su congregación, "Hoy voy a impartir una visión, y el domingo próximo regresaré para explicarles cómo llevaremos a cabo la visión y para darles los detalles de nuestra estrategia".

Esta no es buena idea.

Cuando los pensadores concretos no reciben la suficiente información, tomarán lo que escuchan y completarán los detalles. Luego verterán hormigón mental, el de fraguado rápido, encima. El domingo siguiente, tendremos que destruir su pensamiento concreto para luego poder echar los cimientos que nosotros queremos que se coloquen. En esencia, lo que hacemos es regresar para pedirles que cambien de idea.

Los líderes de pensamiento abstracto deben convertirse en comunicadores concretos. Necesitamos proporcionar los detalles cuando impartimos la visión. Esto nos permite echar nuestro propio hormigón. Nos tocará a nosotros fijar la visión rápidamente de la manera que queremos que se fije.

Cuando el presidente de la compañía anuncia que va a haber una reorganización importante sin proporcionar ninguno de los detalles acerca de cómo se verá esa reorganización, algunos de los mejores empleados estarán en sus escritorios buscando un nuevo empleo porque supondrán que están siendo despedidos.

Como líderes podemos ser concretos y abstractos; pero nuestros seguidores o empleados quizás solamente sean pensadores concretos. Podemos transmitir tanto en AM como en FM, aunque ellos sólo escuchen AM. Debemos asegurarnos de transmitir la visión de manera que la pueda escuchar el oyente. Para esto, debemos darle a nuestra gente lo abstracto y lo concreto a la misma vez.

MALOS HÁBITOS DE COMUNICACIÓN

Comunicar solamente cuando necesitamos algo. No podemos ser la clase de líderes que únicamente habla con nuestros equipos cuando necesitamos algo. A ningún empleado le gusta sentir que está allí sólo para servir al jefe. Como líderes, debemos ser conscientes de cómo tratamos a las personas a nuestro alrededor.

No realizar un seguimiento. Los mejores planes nunca harán más que juntar polvo salvo que realmente hagamos algo para ejecutarlos. La mala implementación y falta de ejecución a menudo empeoran por culpa de nuestros malos patrones de comunicación. Para asegurarnos que las tareas se cumplan necesitamos que las personas asuman su responsabilidad. Esto se puede lograr con algunas preguntas clave al terminar nuestras reuniones, en nuestros correos electrónicos y en nuestras conversaciones:

- ¿Cuál es el paso siguiente?

- ¿Cuándo se concluirá?

- **¿Quién lo terminará?**

Un poco de seguimiento cada vez que nos comunicamos dará como resultado mucha ejecutividad.

No devolver llamadas o no responder a los correos electrónicos. Muchas personas se apoyan en sus contestadores automáticos. "Por favor déjame tu mensaje, y te responderé a la brevedad". En lugar de eso debería decir, "Deja tu mensaje, te responderé cuando tenga ganas. Si no respondo, será porque no deseaba hablar contigo; así que tú relájate".

No sólo es un asunto de cortesía básica responder a las personas, sino que al no responder permitimos que otros viertan el hormigón. Si no pueden obtener una respuesta mía, obtendrán una respuesta de otra parte, y quizás no sea la respuesta que yo querría que reciban. Cuando no cuento con el tiempo para brindarles una respuesta acabada, esto es lo que hago. Quizás reciba un correo electrónico con dieciocho preguntas a las que no puedo responder, contesto tan pronto como abro el correo y digo, "Voy a leerlo y te responderé en un par de días".

Aun cuando no pueda responder a todas sus preguntas inmediatamente, no quedarán con la incógnita de saber si he recibido el correo o no. Recibieron una respuesta y saben que estoy al tanto. Todos sabemos lo frustrante que es enviar algo y nunca recibir respuesta. No podremos hacer el seguimiento a las personas si ni siquiera les hablamos en primer lugar.

Falta de cortesía básica. Espero que no sea necesario mencionar esto, pero cuando nos comuniquemos con las personas, practica la cortesía básica. Di por favor y gracias. En ocasiones cuando se trabaja en estrecha proximidad, nos olvidamos de estas pequeñas sutilezas:

"¿Harías esto por favor?".

"Gracias por el informe".

"De nada".

"El placer es mío". "Cuando gustes".

Imagina cómo cambiaría la atmósfera en la oficina si todos emplearan la cortesía básica.

Enfocarnos en lo negativo. Algunas personas tienen el don de pescar la negatividad en cualquier situación y quedarse en ella. Lo más significativo que hará un líder por su gente es extender sus horizontes y sembrar pensamientos de cielos azules en ellos. Necesitamos descubrir lo positivo y agregarle valor en lugar de enfocarnos en lo que va mal. ¡Pon un poco de cielos azules en sus pensamientos!

No escuchar. Cuando de comunicación se habla, generalmente se refieren a enviar un mensaje; rara vez se piensa en escuchar el mensaje. Pero para que cualquier mensaje sea efectivo, debe haber quién lo reciba. Si no estamos escuchando a las personas, no seremos buenos comunicadores. Escuchar lo que alguien dice, no solamente nos ayuda a comprender lo que quiere expresar, sino que también nos ayudará a saber cómo responderle. El escuchar es un arte que podemos cultivar. Escuchar atentamente incluye observar el lenguaje corporal y hacer contacto visual con la persona con quien estamos. Es la manera de sentarnos cuando damos un mensaje y el modo en que respondemos a las preguntas.

ESCUCHAR Y RESPONDER

Ahora, ¿qué tiene que ver el *escuchar* con responder preguntas? Si de veras escuchamos, podremos oír las preguntas que nos están haciendo. A veces las personas no hacen la pregunta que realmente quieren que se les responda. Por ejemplo, si la madre de un niño dice, "¿Es *verdad* que la reunión de planificación es a las 5:00 hoy? Quizás quiera más que una simple ratificación de hora y fecha. Quizás esté pensando, *¿A qué hora terminará esa reunión porque tengo que buscar a mi niño en lo de la niñera?* Si respondemos con un "sí", no habremos respondido acabadamente a su pregunta. Ella todavía estará frustrada por no poder estar en dos lugares a la vez.

Sin embargo, si observamos su lenguaje corporal y escuchamos el modo de la pregunta, podremos responder de manera diferente, "Me parece que algo te está preocupando". Entonces podrá contarnos que debe buscar a su niño, que la presentación no estará terminada a tiempo, o que esperaba obtener aprobación a los planes antes del mediodía. El "sí", aunque técnicamente correcto, podría hacer que desaprovechemos información que normalmente ella no hubiera brindado. Ni siquiera sabríamos cómo incentivarla a dar más información si no escuchamos lo que trataba de decir sin palabras. Recuerda que la primera pregunta nunca es la verdadera pregunta. La pregunta detrás de la pregunta es la verdadera pregunta.

Escuchar es más importante que hablar. La observación estrecha y las respuestas bien pensadas harán que las personas sepan que nosotros oímos lo que ellos realmente quieren decir. Si prestamos atención a los demás cuando nos comunicamos, siempre podremos dar la respuesta correcta, aunque no la tengamos.

¿Qué es lo que normalmente hacemos cuando nos encontramos con una discusión? Muchos de nosotros vamos directamente a las respuestas. Desaprovechamos algunas de las mejores oportunidades de comunicación porque en cada lugar que vamos, hablamos. Nunca vamos solamente para escuchar. Cuando nos encontramos con dos o tres personas en el pasillo, nunca nos detenemos a formar parte del grupo; queremos ser los que damos las respuestas.

Como líderes debemos escuchar más. Debemos rehusar a ser el que lo sabe todo. Escuchando a los demás, aprenderemos a comunicarnos más efectivamente, tanto con los comunicadores abstractos como con los concretos. Recibimos mejor información de los que nos rodean, y así obtenemos mayor comprensión de la situación. Si nuestras conversaciones se convierten en conflicto, ocuparán demasiado tiempo de nuestro pensamiento. Algunas cosas que he aprendido a hacer al comunicarme son:

- Intentar comprender su preocupación con empatía.

- Determinar, realmente, si es que no quiere hacerlo o no puede hacerlo. No lo quiero hacer es una actitud; no lo puedo hacer tiene que ver con una habilidad. En ambos casos hay solución, pero son distintas.

- No adjudico asuntos espirituales a la falta de respuesta.

- Me aseguro de estar transmitiendo en su misma frecuencia.

Recuerda que será mi responsabilidad como líder poder comunicar eficazmente. Las conversaciones más importantes siempre serán las que tenemos con nosotros mismos. Las conversaciones en mi mente acerca de personas con las que no resulta fácil comunicarse eran conversaciones llenas de enojo, duda y frustración. Poder detenerme para escuchar lo que yo mismo me estaba diciendo, además de tomarme un descanso en la conversación para reevaluar la situación, me demostró que yo debía ser el primero en cambiar.

Aprender a escuchar a otros y las charlas con uno mismo nos ayudará a responder adecuadamente, inclusive a quienes nos fastidian.

CAPÍTULO 6
TOMA DE DECISIONES

Cuando estás 100% seguro, ya es demasiado tarde.
—Charles W. Robinson

Un líder, por definición, toma decisiones –decisiones que afectan el futuro de las organizaciones y de las personas que las componen–. O tomamos decisiones basados en las circunstancias o en principios, y esto se manifiesta a través de las decisiones que tomamos. La toma de decisiones es predecible cuando la realiza un líder de principios. Lo que quiero decir con esto es que los empleados de un líder de principios se sienten seguros porque sus decisiones serán consecuentes, y el líder ha considerado las consecuencias a largo plazo antes de tomarlas.

Por el contrario, los líderes situacionales rara vez piensan en las consecuencias a futuro. Mayormente les interesa evitar el conflicto del momento. Sus decisiones son inconsistentes. Las personas que trabajan para líderes situacionales rara vez saben cómo se tomará la decisión. Los empleados quizás traten de controlar la información que recibe el líder en un intento de influenciar su decisión para que les resulte favorable a ellos. Trabajar para un líder situacional puede resultar muy difícil porque el empleado siempre estará tratando de adivinar cuál será la respuesta del líder, ya que rara vez será igual a la vez pasada.

Es importante que entendamos cómo tomamos decisiones porque nuestras decisiones hablan acerca de quiénes somos.

UN MODELO DE TOMA DE DECISIÓN

La toma de decisiones es un arte y una ciencia. Lamentablemente, a la mayoría de nosotros nunca se nos ha enseñado a tomar buenas decisiones, de manera que las tomamos basándonos en la situación. Pero podemos aprender a tomar mejores decisiones si analizamos los pasos que utilizamos.

Cada vez que tomamos una decisión, seguimos ciertos pasos. La mayor parte de estos ocurre inconscientemente. Los pasos más comunes incluyen recopilar datos, ordenar información relevante a la decisión, compaginarlo con nuestro conocimiento y luego finalmente tomar una decisión. Miraremos estos pasos más detenidamente, pero usemos un ejemplo un tanto trivial con el que cualquiera podría identificarse.

Pat vive en Georgia del Norte y necesita viajar a Atlanta del Sur para la fiesta de cumpleaños de su abuela. No parecería ser una decisión muy complicada, ¿no es cierto? Pat ama la cocina de su abuela, y nada es mejor que estar en lo de la abuela para el almuerzo del domingo porque siempre prepara un banquete. Pero para llegar a la casa mientras el puré de papas aún esté caliente, Pat deberá tomar muchas decisiones. Aquí tenemos la muestra de una: ¿Cómo llegará a la casa de su abuela?

Paso Uno: Recopilar datos.

Durante este paso, recolectamos toda la información que necesitamos o pudiéramos necesitar. Para Pat, esos datos podrían incluir las respuestas a las siguientes preguntas:

- ¿A qué hora comienza el almuerzo?

- ¿A qué hora tendría que llegar para sentarse en la mesa de los adultos?

- ¿A qué hora comienza y a qué hora termina el servicio de adoración en su iglesia?

- ¿Tendría que volver a casa primero, o podría partir directamente desde la iglesia?

- ¿Asistirá a la Escuela Dominical ese día?
- ¿Sobre qué tema predicará el pastor?
- ¿Cuánto tiempo le tomará llegar hasta lo de su abuela?
- ¿Sentirá hambre cuando llegue?
- ¿Tomará la I-75 o la Avenida 400?
- ¿Cuál es el camino más rápido? ¿El camino más seguro?

Paso Dos: Seleccionar información relevante.
Ahora, Pat debe seleccionar cuáles de estos datos son relevantes para su decisión. Si tendrá hambre o no y la temática del sermón del pastor no afectarán sus planes de viaje, de manera que puede eliminar esas piezas sin dificultad. Comparando y conectando los otros datos que tiene, podrá obtener información que realmente le sea útil. Considera algunos de los datos que le serán significativos para la decisión que va a tomar:

Él planea asistir al servicio de adoración en su iglesia. Termina a las 11:00. Su abuela quiere que él esté en su casa para la 1:00.

Existen varias maneras de llegar. Si él toma la Interestatal 75, le tomará aproximadamente una hora y media.

En este momento hay una construcción vial sobre la I-75, por lo que el tráfico podría causar una demora de hasta cuarenta y cinco minutos.

Si toma la Carretera Estatal 400, le tomará una hora y cuarenta y cinco minutos, pero no hay ninguna construcción vial.

Paso Tres: Combinar con conocimiento preexistente.
Ahora que Pat posee la información relevante, puede combinarlo con conocimientos preexistentes, tales como el hecho de que si llega tarde no sólo se

molestará su abuela, sino que el primo Arturo acabará con toda la tarta crema de bananas.

Paso Cuatro: Tomar la decisión.

En este momento, Pat decide tomar la Carretera 400 porque, aunque no le hará llegar más temprano, le garantizará poder llegar a lo de su abuela a tiempo. Además, las consecuencias de llegar tarde (y perderse la tarta crema de bananas de la abuela) son demasiadas grandes. Decisión tomada.

Obviamente, en este ejemplo Pat probablemente está tomando la decisión intuitivamente, pero ese proceso intuitivo sigue el mismo patrón que las decisiones más significativas. Seguimos estos mismos pasos cada vez que tomamos una decisión; sin embargo, en la mayoría de las decisiones, lo hacemos con tanta rapidez que no somos conscientes de esto. Este modelo intenta diagramar el proceso inconsciente, ya sea que la elección esté relacionada a las direcciones de manejo, el liderazgo o las salidas románticas.

Entender cómo tomamos decisiones nos ayudará a mejorar nuestra capacidad de resolución de problemas porque podremos verificar nuestros supuestos en cada paso del proceso. Por ejemplo, si los datos que usamos para tomar una decisión estaban equivocados, la decisión no será buena. Si categorizamos incorrectamente o utilizamos información que no es relevante, ese paso influenciará nuestras decisiones. Si nuestro conocimiento preexistente es incorrecto, combinarlo con datos excelentes también conducirá a una mala elección.

La capacidad para articular cada uno de los pasos en nuestros procesos de pensamiento nos ayudará a tomar mejores decisiones. Además, llevará a mejores relaciones con las personas con las que trabajamos.

OPORTUNIDAD PARA LA COMUNICACIÓN

Como líderes, no somos los únicos en tomar decisiones, y a menudo enfrentamos las consecuencias de la toma de decisiones de otros. Si quienes te rodean toman malas decisiones, no los trates con dureza; aprovecha ese tiempo para conversar con ellos. Pregúntales cómo tomaron esa decisión. ¿Qué proceso siguieron? Aplicando el modelo de toma de decisiones de arriba, pregúntales con qué datos comenzaron. ¿Cómo decidieron qué información sería relevante para su decisión? ¿Qué conocimiento existente combinaron con los datos al tomar su decisión?

Plantear esta clase de preguntas nos ayudará a entender su enfoque para la toma de decisiones. Más importante aún, será una oportunidad para enseñarles acerca de cómo querríamos que tomen sus decisiones en el futuro.

También podremos explicar por qué hicimos lo que hicimos, aprovechando esta oportunidad para volver a enfocarlos en la visión, enseñarles mejores técnicas para la toma de decisiones mostrándoles en qué manera su patrón de toma de decisiones difiere del nuestro. En toda organización, cuanto mejor comprendamos nuestros puntos ciegos en la toma de decisiones y los puntos ciegos de los que trabajan con nosotros, mejor podremos superarlos.

CUATRO PREGUNTAS

Cuando se nos presentan aquellas decisiones complicadas que pueden cambiar la organización, necesitamos hacer cuatro preguntas, y es importante que se planteen *en este orden*:

1) *¿Está de acuerdo con nuestra visión, misión, y valores fundamentales?* No importa cuán grande sea la idea o la oportunidad, si no se alinea con la visión, debemos rechazarla.

2) *¿Tendremos la capacidad organizacional y humana suficiente para hacerlo?* ¿Tenemos el corazón en esto? Quizás el programa sea tan grande que sería una carga para todo el equipo. Quizás dentro del equipo no tengamos las personas apropiadas para este proyecto. O quizás no tengamos deseos de llevarlo a cabo en este momento.

3) *¿De qué manera será Dios glorificado?* Muchos líderes preguntarán, "¿Dios será glorificado?" y la respuesta generalmente es sí. Tú has la pregunta, "¿Cómo? Responder a esta pregunta nos ayudará a comprender el verdadero impacto que tendrá esta decisión en el reino de Dios. Quienes estén en negocios seculares pueden hacerse la misma

pregunta con un ligero giro: "¿De qué manera servirá, esta decisión, a la comunidad y a mi organización?".

4) *¿Cuánto costará?* Entiende esta pregunta y luego considéralo con detenimiento. No es, "¿Tenemos el dinero para esto?". La mayor parte de las organizaciones no tienen dinero cruzado de brazos esperando ser utilizado. La respuesta generalmente es no. Pero la respuesta a "¿Cuánto costará?" es diferente. El costo incluye no solamente los dólares, sino las personas, los recursos y el tiempo y esfuerzo que se restarían a los demás proyectos y programas.

Existe un motivo por el que la pregunta acerca del costo está al final. Un programa que no logre pasar la pregunta ¿Tenemos el dinero para esto? quizás obtenga una respuesta diferente después de haber formulado estas cuatro preguntas. Si la visión es lo suficientemente grande, si las personas tienen el corazón en hacerlo, si Dios será glorificado de manera poderosa, entonces el dinero vendrá.

Responder a estas preguntas específicas, *en este orden*, nos ayuda a entender la verdadera oportunidad que tenemos delante nuestro. Estaremos tomando una decisión de principios basada en un contexto organizacional más grande, no en una situación, como sería la cuestión del dinero del que disponemos.

TOMA PRÁCTICA DE DECISIONES

La información anterior nos provee una base para la buena toma de decisiones, pero existen algunas sugerencias prácticas que también nos ayudarán.

Poder explicar por qué. Debemos poder explicar por qué tomamos esta decisión. Esto no es para que podamos defendernos si tomamos una mala decisión; es para que podamos aprender de todas nuestras decisiones. Si no sabemos por qué tomamos esa decisión, nunca mejoraremos en la toma de decisiones. Entender cómo tomamos nuestras decisiones nos ayudará a tomar aún mejores decisiones en el futuro.

Ser valientes. A veces, cuando tomamos decisiones, queremos permanecer en nuestra zona de confort y no salir de ella en busca de datos adicionales. No es una buena idea. Siempre que sea posible debemos buscar información de las personas o lugares que lo tengan, aunque nos incomode. Por ejemplo, preguntar:

- "¿Quién de mi equipo me mostrará las cosas que más necesito ver?".
- "¿Quién me dirá las cosas difíciles de escuchar?".
- "¿Quién es la mejor fuente de la información que se necesita para tomar esta decisión?".

Sé decisivo. No siempre tendremos toda la información que necesitamos para tomar una decisión. A veces lo mejor que podemos hacer es tomar una decisión, aunque no contemos con toda la información. ¿Cómo sabremos cuáles deben esperar y cuáles deben avanzar? Invierte tiempo en las decisiones que más rédito traerán. Deja que otros tomen las decisiones que no tengan tanta importancia.

Debes estar dispuesto a destruir íconos. No podemos permitir que las guerras territoriales, el mal uso del poder o los esquemas de motivación falsos influyan sobre nuestro juicio. Rechaza la idea de que la lealtad es una calle de un solo sentido. Descarta las estrategias a corto plazo que impiden los éxitos a largo plazo.

Tomamos decisiones todos los días. Algunas son importantes, otras no lo son. Pero cuanta mayor atención pongamos al proceso que seguimos al tomar las decisiones, mejores serán las decisiones que tomemos. Al escalar los peldaños de la escalera de liderazgo, el número de decisiones que tomemos crecerá exponencialmente, y el efecto de esas decisiones incrementará.

CAPÍTULO 7
CAMBIO Y TRANSICIÓN

La vida es agradable. La muerte es pacífica. Lo difícil es la transición.
—Isaac Asimov, novelista y erudito

El cambio es el resultado de una decisión. Es un evento externo. Por otro lado, la transición es el procesamiento de los cambios emocionales, relacionales, financieros y psicológicos. Las transiciones son internas.

Entender la diferencia entre cambio y transición ayudará a los líderes a planificar adecuadamente. Es raro que el cambio en sí mismo cause problemas: generalmente, la culpa está en la falta de planes para la transición. Los líderes somos los responsables de prever y crear la estrategia para la transición dentro de las organizaciones. Sin embargo, a menudo, dedicamos tanto tiempo al cambio en sí que dejamos de pensar estratégicamente con respecto a la transición.

Para ser un buen director ejecutivo o pastor, no es suficiente con pensar cuidadosamente lo que vamos a hacer. También debemos tomarnos el tiempo para anotar todas las contingencias y crear un plan de transición por escrito. ¿Qué situaciones se presentarán a raíz de este cambio? Las siguientes son algunas de las cosas que debemos considerar en relación al personal:

- ¿A qué personas afectará el cambio?

- De esas personas, ¿a cuáles les importará?

- ¿A quién le importa profundamente?

- De aquellos a los cuales les importa profundamente, ¿quiénes tendrán actitud positiva respecto al cambio y quiénes no?

El asunto principal es: ¿Cómo posiciono a las personas a las que lidero para el éxito? Una vez analizadas estas preguntas, el líder debe desarrollar un plan escrito y luego tomar decisiones estratégicas en base a ese plan. Por ejemplo, habrá que considerar:

- ¿Cómo me acercaré a cada persona?

- ¿Cómo le transmitiré los detalles?

- ¿Qué información necesitará esa persona para entender este cambio?

CÓMO HACER LA TRANSICIÓN

William Bridges es un conocido experto en lo referente a cambio y transición. En su libro, *Managing Transitions: Making the Most of Change* [*Manejando las transiciones: Aprovechando el cambio al máximo*], él explica que la razón por las que los agentes de cambio fallan es porque se enfocan en la solución en lugar del problema. Él considera que el noventa por ciento del esfuerzo del líder debería estar destinado a vender el problema y ayudar a que las personas entiendan qué es lo que *no* está funcionando. Él afirma, acertadamente, que las personas no perciben la necesidad de una solución si no tienen un problema.

Supongamos que tengo una asistente administrativa que no está resultando. Llega tarde, tiene mala actitud y es incompetente en su trabajo. Despedirla solucionaría el problema, pero antes de despedirla, debo considerar de qué manera esto podría impactar a sus compañeros de trabajo. Actualmente, ella cuenta con la solidaridad de ellos. Ellos consienten su comportamiento y me alientan a hacer lo mismo diciendo cosas como, "¿No ves que está embarazada y que hace poco tuvo que cambiar de apartamento?".

Aquí es donde vemos que las demandas judiciales también pueden convertirse en asuntos de transición. Despedir sin causa a una mujer embarazada podría traerme un problema legal a mí y a la compañía. Debo asegurarme de que el problema se entienda. Por supuesto, yo estoy consciente de que ella está fallando como buena asistente, pero debo ayudar a los demás en la oficina a entender que su incapacidad para hacer su trabajo es un problema para todos. Si no lo hago, ellos serán los primeros en socavarme diciendo a la nueva asistente, "¿Sabías que despidió a la mujer embarazada que estuvo antes de ti en ese puesto?".

Una parte de la transición deberá ser ayudar a las personas a entender el problema para poder estar de acuerdo más rápidamente respecto a una solución.

Antes de renunciar a la universidad, yo mismo viajé por todo el país para encontrarme con los miembros de la comisión directiva para contarles lo que iba a hacer y por qué. Inclusive desarrollé a un posible sucesor.

No existen las transiciones fluidas, porque fluido quiere decir que todo marcha exactamente acorde a lo planificado. Sólo existen transiciones bien o mal ejecutadas. Por supuesto, yo quería una transición sin costuras, pero sabía que no suele ser así. Siempre tendremos reveses inevitables. Nuestros mejores planes generalmente no resultan como lo esperábamos.

Cuando realicé ese cambio, tenía un plan de transición. Sabía con quién hablaría, cuándo hablaría, y sabía lo que les iba a decir. Desde mi experiencia personal, puedo garantizar que el tiempo dedicado para pensar y planificar la transición transformó lo que podría haber sido un acontecimiento negativo en un tiempo de crecimiento positivo para mí y para la universidad.

CAMBIO SIN TRANSICIÓN

Una transición exitosa no es responsabilidad de las personas que experimentan el cambio. La responsabilidad de una transición exitosa corresponde al líder que hace el cambio. En uno de mis seminarios, una joven llamada Regina dijo que había sido transferida de un rol pequeño en el departamento de niños a un lugar de mayor responsabilidad como pastora de educación cristiana. Regina hizo todo lo posible por preparar a su gente para el cambio. Buscó y entrenó a su sucesora y ayudó en la transición de su antiguo equipo a su nuevo líder.

Pero nadie hizo lo mismo por Regina. El pastor no comunicó a la iglesia que Regina ahora tendría esta nueva responsabilidad. Es más, el anterior pastor de educación cristiana no entendió que ese puesto ya no era suyo por lo que continuó funcionando como si nada hubiera cambiado. Este es un gran ejemplo de un cambio sin transición. Regina había hecho el cambio, pero sin la ayuda de su pastor con la transición, ella se encontraba impotente dentro de su nueva responsabilidad.

Algunos se preguntarán por qué un pastor haría eso. Creo saber por qué. Regina es su hija, y él estaba preocupado acerca de cómo reaccionaría la gente a que ella asumiera un rol tan importante. Él sentía que ella era la mejor persona para esa tarea, y ella consideraba que estaba preparada. Pero por no manejar la transición adecuadamente, nadie más en la iglesia tenía esa misma certeza. Ahora él estaba tratando de ordenar la confusión. Había asuntos personales (después de todo, ella es su hija) y asuntos profesionales (su visión para este puesto en la iglesia). Además, cuando supe de esta situación, ¡Regina ya había estado en su puesto por tres meses!

Mi recomendación para Regina fue que, delante de las personas de la iglesia, su padre diga, "Mi hija, Regina, desempeñará un gran liderazgo en el departamento de educación cristiana de nuestra iglesia. De hecho, tendría que haber estado ejerciendo este puesto desde hace tres meses, pero he sido negligente en hacer este anuncio. Hoy estoy enmendando ese error. Ven aquí adelante, Regina, cuéntales acerca de tu visión. ¿Qué es lo que Dios hará contigo?".

Él tendrá que apoyar su visión y pedir que la gente ore por ella en su nuevo rol, como una pequeña inauguración. Pero deberá decir algo como, "He sido negligente al no haber hecho esto antes", para que la gente sepa por qué motivo lo está haciendo ahora y no lo hizo anteriormente.

Adaptarse a las personas nuevas en roles de líder es el cambio más difícil con el que nos encontraremos. No obstante, si nosotros, como líderes, entendemos la diferencia entre transiciones y cambios, si preparamos y ejecutamos un adecuado plan de transición, si nos hacemos responsables de los cambios que provocaremos en nuestra gente, los resultados bien valdrán el esfuerzo.

CAPÍTULO 8
CONFLICTO

En Estados Unidos todos son blandos y detestan el conflicto, la cura para esto, tanto en la política como en la vida social es la misma—la firmeza.
—John Jay Chapman, autor

No existe una zona libre de conflicto. La única manera de que no exista el conflicto es no estar haciendo nada. Mientras haya movimiento, compromiso o participación, siempre habrá conflicto. El manejo del conflicto es un peldaño inevitable en la escalera del liderazgo. Cuando algún líder me dice que tiene una organización pacífica y que todos se llevan bien con todos, pienso, *estás desconectado de la realidad o no estás haciendo nada.*

Algunas veces le tenemos tanto temor al conflicto que nos esforzamos en lograr la paz y el consenso cuando en realidad un poco de conflicto ayudaría a la causa. La falta de conflicto no indica progreso, ro quizás indique inactividad. El conflicto es algo que siempre estará presente. No es ni bueno ni malo, simplemente está.

LOS BENEFICIOS DEL CONFLICTO

El conflicto cumple un propósito. Cuando existe un conflicto, exploramos todo lo relacionado a ese conflicto con más detenimiento. La tensión que se genera motivará que estudiemos la decisión con más detenimiento para cerciorarnos de tener toda la información que necesitamos y de no estar pasando nada por alto. El conflicto se convierte en la motivación para asegurarnos de estudiar la situación en detalle. Nadie querrá estar del lado equivocado de un asunto al que no ha investigado por completo. A menudo, cuando hay conflicto, las personas estarán más comprometidas con la decisión final porque estarán confiadas en que el asunto ha sido estudiado desde todos los ángulos y que se ha arribado a la mejor solución.

Para que el conflicto se aproveche positivamente deberá haber diálogo entre las partes opositoras *antes* de tomar la decisión. El proceso de la toma de decisión se vuelve más importante que la decisión misma. Incluso las personas con opiniones contrarias responderán positivamente, o al menos "estarán de acuerdo en no estar de acuerdo", si perciben que su lado ha sido escuchado y comprendido por los que tomarán la decisión.

EL LADO OSCURO DEL CONFLICTO

Pero el conflicto también puede tener un lado oscuro. Piensa en un líder que enfrenta conflicto innecesario en cada decisión que trata de tomar. Es como un cerco eléctrico que se emplea para que el perro no salga del patio. El perro no lo puede ver, pero sabe que no debe cruzar el límite de la propiedad porque recibirá una leve descarga eléctrica. Luego de intentarlo repetidas veces, el perro pronto aprende que es mejor simplemente evitar los límites. Cuando esto le ocurre a un líder, la tentación es alejarse de los asuntos que tiene que afrontar por temor al conflicto. En consecuencia, el conflicto limitará el alcance de nuestro liderazgo y hará que los líderes sean reacios a liderar.

De la misma manera, el conflicto personal puede afectar nuestro trabajo. Si he discutido con mi esposa de camino a la iglesia el domingo por la mañana, para cuando llegue al púlpito y comience a predicar, ella será lo único en lo que pueda pensar. *Si la gente supiera lo que yo sé. ¡Él debería ser el primero en la fila para el llamado al altar!* Es difícil hacer bien tu trabajo si estás distraído, y el conflicto en un área puede filtrarse hacia las otras áreas. Cuando hay un conflicto en el trabajo, es difícil no traerlo a casa.

SANGRE SOBRE EL PISO

El querer evitar los asuntos complicados y las distracciones causadas por el conflicto puede desvirtuar el buen juicio que normalmente poseemos. En lugar de afrontar el conflicto, huimos. Si reprimimos nuestros instintos en un intento por mantener la paz, no estaremos siendo fieles a nuestros llamados.

Todos hemos oído el viejo dicho: "No se puede agradar a todo el mundo". Lo que hubiera querido que me dijeran es, "Sam, va a haber sangre sobre el piso. Puede ser la tuya, o puede ser la de ellos, pero para llegar a donde quieres llegar, quizás tengas que pagar con sangre". Por supuesto, aunque lo hubiera escuchado, probablemente no hubiera estado preparado para entenderlo hasta no experimentarlo. Pero ahora lo sé; hay un precio que pagar. Entiende, por favor, podemos minimizar la sangre, pero habrá sangre.

Por supuesto, no me refiero literalmente a la sangre sobre el piso; estoy hablando de los sentimientos heridos que se despiertan mientras atravesamos el conflicto. También me refiero a los sacrificios que realizamos durante el proceso. Cuando mi padre me disciplinaba, nunca había sangre de verdad. Pero la vergüenza de mis acciones a menudo me hacía sentir como si la hubiera habido.

Algunas personas me aprecian; otras no. Todos nacemos con la necesidad de que se nos aprecie y apruebe, pero, ocasionalmente, en el esfuerzo por ser aceptados, evitamos el conflicto necesario. Aunque no estoy sugiriendo que seamos amantes del conflicto, necesitamos encontrar la manera de aceptar el conflicto, poder decir, "No puedo agradar a todo el mundo, y el conflicto siempre existirá. No importa quién sea, ni en qué lugar me encuentre, en ocasiones habrá sangre sobre el piso".

CONFLICTO SANO

Si me corto el dedo, cicatrizará y sanará. Dependiendo del tamaño y de la ubicación del corte, podría dejar una cicatriz. Pero, dado que soy una persona sana, finalmente sanará. Si no fuera sano, o fuera hemofílico, el sangrado podría resultar más difícil de detener. Podría inclusive morir desangrado.

Debemos considerar el conflicto en términos de nuestra salud general. No existe tal cosa como un matrimonio bueno o un matrimonio malo, una buena iglesia o una mala iglesia. Sólo existen matrimonios sanos y matrimonios enfermos, iglesias sanas e iglesias enfermas.

El factor más importante en cualquier conflicto es la condición de salud del líder. Debemos estar saludables cuando tratamos con los conflictos.

Debemos preguntarnos:

- "¿Esta interacción es saludable?".
- "La manera en que me está mirando ¿es saludable?".
- "La manera en que yo la estoy mirando ¿es saludable?".
- "Lo que estoy pensando ¿es saludable?".

No debemos tratar de terminar un conflicto en un acuerdo o desacuerdo; debemos tratar de terminarlo de manera saludable. Si la meta final fuera el acuerdo, se habrá apostado demasiado alto, y una de las partes saldrá perdiendo. En lugar de eso, al final de todo diálogo difícil deberíamos preguntar, ¿Aún estamos sanos? Porque las relaciones sanas permiten la transparencia y la comunicación abierta. Cuanto más sana la relación, mayor será la transparencia.

QUÉ VERSUS QUIÉN

Sólo porque alguien esté en desacuerdo conmigo no significa que esté en mi contra. Mi esposa está todo el tiempo en desacuerdo conmigo. No está en contra mío; solamente está en desacuerdo. Toda vez que alguien va del qué al quién, se vuelve personal y las personas están a la defensiva. En lugar de resolverse, el problema se intensifica. Necesitamos primeramente ocuparnos del *qué* antes de poder ocuparnos del *quién*.

Siempre ocúpate de la situación, y detente en ella el mayor tiempo posible antes de ocuparte de la persona responsable. No obstante, a veces el problema es el quién. Si María tiene un problema con Dewayne, y María tiene un problema con Susan, y María tiene un problema con Gaye, el problema no es ni Dewayne, ni Susan ni Gaye; el problema es María. John Maxwell llama a estas personas "portadoras de conflicto".

No importa donde vayan; los portadores de conflicto crean problemas. María podría ser una empleada que rutinariamente altera al equipo entero. Yo podría acercarme a María un día y decirle, "Este comportamiento es inaceptable". Luego podría explicarle qué es lo que se espera de ella y decirle que, si no le es posible estar a la altura de lo que se espera de ella, tendré que despedirla.

Pero antes de tener esa conversación, necesito tener una conversación en la que le ayudo a entender lo que está haciendo, para que tenga oportunidad de corregir su conducta disruptiva. Debo primero intentar la vía redentora.

Sin embargo, la sugerencia vendrá con una advertencia. Las personas como María pueden secuestrar la conversación porque quieren hablar de asuntos específicos mientras nosotros queremos hablar sobre patrones de conducta. Si comienzo la conversación diciendo, "Ayer en la oficina..." ella inmediatamente se pondrá a la defensiva y tratará de darme explicaciones por lo que pasó ayer. Si digo, "Hubo un problema entre tú y Allen", inmediatamente va a hablar acerca de Allen.

Necesito tener el control de la conversación y enmarcarlo dentro del modelo más amplio. Tendré que decirle, "He advertido que se genera conflicto de una o de otra manera en diferentes momentos". Y luego continuar diciendo, "No quiero hablar de ninguna situación en particular, pero me parece que aquí tenemos un patrón. ¿Me podrás ayudar a entender lo que está ocurriendo?".

Debo tener especial cuidado con el tono de mi voz y con la expresión de mi rostro. La conversación debe desarrollarse en un ambiente informal. La persona portadora de conflicto activa su radar si lo colocamos en una situación formal. Las figuras de autoridad son un problema para los portadores de conflicto, por eso, nunca tengas esta conversación desde el otro lado de un escritorio. Haz que la conversación sea moderada, informal, amistosa y cordial. No vayas con otra agenda que la de entender lo que le pasa a esta persona.

Comienza la conversación diciendo, "He observado que hay un patrón", y luego describe el patrón que has observado. Tapa los agujeros por los que ella buscará escapar diciendo, "Escucha María, no quiero hablar de lo específico. Eso no nos será de ayuda en este momento. Pero quizás puedas ayudarme a entender qué es lo que está ocurriendo". Luego, con paciencia espera para ver hacia dónde va la conversación, llevándola hacia el asunto del patrón cada vez que ella quiera hablar de lo específico.

Nunca le digas al portador de conflicto, "Me han comentado que ...". Si digo eso, ella estará a la defensiva y se pondrá discutidora. Debo hacerme cargo y decir, "He observado que ..." y luego preguntarle si puede ayudarme a entender.

Ella probará otra táctica: "Claro, Arturo te habló de esto".

No sigas por ese lado. Mantente enfocado. "Sólo ayúdame a entender; aquí hay un patrón". Ella está más cómoda con lo específico porque tiene información; los patrones son más difíciles de defender.

Si logro hacerlo, tendré otra oportunidad de llegarle a María. Si me equivoco por concentrarme en lo específico, se acabó la conversación. Debo ser firme en establecer los parámetros de la conversación.

Algunas personas no tendrán la madurez espiritual para aceptar ese consejo, pero aun así pienso que debemos intentarlo. Como líderes, debemos mirarnos en el espejo y saber que hicimos todo lo que pudimos. Queremos hacer la segunda milla, y eso lo podremos hacer si estamos sanos. Nuestra salud proviene de estar firmes dentro de nuestro entorno, confiados en que Dios nos ha puesto en el lugar en el que debemos estar. Desde esta posición, podremos atravesar el conflicto con coherencia y liderar a nuestras organizaciones.

CAPÍTULO 9
ALINEACIÓN

Toda compañía tiene dos estructuras organizativas: La formal que está detallada en los gráficos; la otra que tiene que ver con las relaciones cotidianas de los hombres y las mujeres dentro de la organización.
—Harold S. Geneen, expresidente, ITT

Muchos líderes se han enfrentado a la situación en la que se unieron a una iglesia o compañía que tenía una cierta visión, pero con el tiempo la visión fue cambiando a otra cosa. Al principio el líder acompaña porque le pareció que no era un gran problema. Los líderes de ministerio y miembros del consejo propondrán ideas, sugerencias, y planes que parecerán maravillosos, pero que no estarán alineados con la visión original. El líder no quiere desalentar la creatividad de esas personas, de modo que sonríe y acompaña. *No puede hacer ningún daño, ¿verdad?* se pregunta. *Es todo para la obra de Dios ¿no es cierto?*

Pero finalmente llega la mañana en que el líder se despierta y se da cuenta de que la visión de la organización es diferente a la suya. En esta circunstancia, muchos líderes podrían decir, "Puedo ajustar mi visión," y tratan de seguir la dirección fijada por la organización. Es más fácil adaptar su propio sentido de llamado y visión de Dios que invertir toda la energía que se requeriría para alinear al equipo entero de líderes, planes y programas con la visión original.

Esto jamás funcionará.

El líder no puede alcanzar a un desfile que comenzó sin él. Aunque llegase al frente a tiempo, ¿cómo podrá liderar si no sabe hacia dónde están yendo los miembros? El líder ha supeditado *su* visión dada por Dios a un grupo de personas que van en otra dirección. Posiblemente el destino y la visión de ellos sean tan meritorios como la suya, pero el punto es este: no es la suya. No es lo que Dios le dio *a él* para que hiciera.

La organización debe estar alineada con la visión y los valores fundamentales del líder. Si no es así, ¿cómo podrá liderarlo? Un director ejecutivo de principios no puede liderar a un subordinado que no cree en las reglas. Un pastor no puede enfocarse si su gente no está apoyando la visión en la que él está enfocado. La alineación organizacional será necesaria si una iglesia u organización quiere ser funcional.

¿QUÉ ES ALINEACIÓN ORGANIZACIONAL?

Cuando la visión y los valores del líder están alineados con las metas de la organización, la alineación se reflejará en todo lo que hagan.

Por ejemplo, una iglesia local de Atlanta manifiesta que uno de sus valores fundamentales son las misiones. Este valor fundamental se demuestra en todo lo que los miembros hacen. El presupuesto muestra que un gran porcentaje de sus ingresos son destinados a proyectos misioneros. El departamento de misiones tiene más gente que cualquier otro departamento. El calendario revela que gran parte de lo programado tiene que ver con las misiones. De la misma manera, si tanto el ministerio de niños como el departamento de misiones quisieran reunirse con el pastor y él tiene tiempo para una sola reunión, él elegiría el departamento de misiones. El enfoque demuestra la alineación organizacional.

Otro ejemplo es una empresa que se jacta de tener su enfoque en el servicio al cliente. Para verificar esto, yo miraría los archivos de su personal para verificar cuántos de ellos, en efecto, han trabajado con clientes. Revisaría su capacitación y vería cuánto se les paga. Miraría todas las maneras en que los clientes se contactan con la empresa y luego vería quién maneja esos contactos y en qué orden de prioridad. También observaría cómo tratan a sus empleados porque si la moral es alta y el conflicto es bajo, podrán servir mejor al cliente. El servicio al cliente es prioridad o no lo es. Si lo es, todo lo referente a la corporación deberá demostrarlo.

La alineación organizacional comienza por nuestro enfoque. Fluye desde nuestra visión, misión y valores fundamentales; e impregna todas las áreas de nuestra organización. Si esto no ocurre, no tendremos alineación.

ALINEACIÓN Y PLANIFICACIÓN ESTRATÉGICA

La alineación se refleja en la manera en que una organización realiza su planificación estratégica, el proceso por el cual la visión se traduce en un plan realizable que tiene en cuenta al personal, los recursos, las metas, un cronograma y demás.

La planificación estratégica permite que un equipo y cada departamento dentro de la organización trabajen juntos hacia una meta en común. Es el sello de calidad de la alineación, y es indispensable para una cultura organizacional sana.

La planificación estratégica es una capacidad adquirida. Cuando un equipo aprende los principios de la planificación estratégica y adquiere algo de experiencia, se le hace costumbre valorar la alineación de visión, personas y recursos. Una cultura fuerte y sana, lleva a un equipo y a una organización hacia los objetivos finales que Dios le ha dado.

El proceso de planificación estratégica implica una serie de reuniones en las que se hacen y se responden las siguientes preguntas:

- ¿Cuál es nuestra visión?

- ¿Por qué estamos haciendo esto? ¿De qué modo se relaciona con nuestros valores fundamentales?

- ¿Quiénes serán responsables? ¿Qué responsabilidades tendrán?

- ¿Cómo planificamos hacerlo? (Debes ser específico)

- ¿Cuándo se hará? ¿Cuáles son las fechas de vencimiento para las tareas específicas, y quién las desempeñará?

- ¿Cuánto costará? ¿Tendremos la capacidad (personas, instalaciones, financiamiento, etc.) para emprender esto en este momento?

- ¿Ante quién rendiremos cuentas de esto?

- ¿Cómo mediremos el éxito?

Una vez que el equipo esté familiarizado con los detalles de la planificación estratégica, las preguntas y las respuestas surgirán rápidamente desde diferentes partes de la sala hasta que sean acordados los términos de un plan concreto. Allí está la belleza de enseñarle al equipo sobre la planificación estratégica. Pronto lo estarán haciendo sin darse cuenta de que lo están haciendo.

Recuerda, éste no es un proceso para ayudar al equipo a tomar decisiones. Hablé acerca de las preguntas para la toma de decisiones en un capítulo anterior. La planificación estratégica es el proceso por el cual nos aseguramos de que las decisiones que ya hemos tomado se implementarán estratégicamente. Tomarse el tiempo de darle contenido a una idea ayudará a asegurar que se haga algo al respecto. Cuando las cosas comiencen a cambiar, las transiciones serán más fáciles, los conflictos se reducirán y la alineación organizacional se incrementará.

Este proceso también ayuda a asegurar que haya alineación entre las personas y la estructura de una organización. No tan solo debemos asegurarnos de que nuestra visión y la organización estén alineadas, también debemos cerciorarnos de alinear a las personas dentro de la estructura de la organización, para que puedan producir resultados.

PERSONAS SOBRE ESTRUCTURA

Cuando las cosas no están funcionando, los líderes a menudo prefieren modificar la estructura formal de una organización porque es el área más fácil de abordar. Mover las piezas en un gráfico organizacional, reasignando quién reporta a quién, y repartiendo nuevos títulos no requiere demasiada habilidad administrativa. Es un proceso limpio. Sigue una lógica.

ALINEACIÓN

En la mayoría de las organizaciones, reorganizar la estructura no hará que las personas trabajen ni mejor ni más duro. Es como el hombre que necesita limpiar su garaje pero que decide limpiar el armario de su habitación porque le resulta más fácil. Puede que sea más fácil, pero no resultará en un garaje más limpio. Lo realmente importante no son los detalles formales del trabajo sino las personas en el trabajo.

Para cambiar las cosas en una organización, se deben realizar ajustes en las conexiones informales, no en la estructura formal. Estos procesos y comportamientos informales pueden resultar dificultosos, pero cuando se manejan correctamente, los resultados bien valen el esfuerzo.

Larry Bossidy, presidente y director ejecutivo de Honeywell, dijo, "Me han dicho que dedico demasiado tiempo a las personas, pero yo sé que, si consigo las mejores personas, yo me llevaré el premio. En estos tiempos, las organizaciones que no tienen a las mejores personas no ganan". Las personas deben tener prioridad sobre la estructura.

Los líderes prefieren cambiar la estructura formal porque es más fácil que cambiar a las personas. Reorganizar la estructura no hará que las personas se alineen. Para ser efectivos, los cambios deben hacerse en las conexiones informales, no en la estructura formal.

Es importante entender que la alineación organizacional no tiene que ver con programas específicos ni los proyectos que nuestras organizaciones inicien. Tampoco tiene que ver con hacer que las personas acaten directivas. Más bien, se trata de mantener la alineación entre las personas, la visión y la estructura. La alineación es lograr que todas las partes funcionen como un solo cuerpo. Para bien.

CAPÍTULO 10
DINERO

El dinero es un mal amo, pero un excelente sirviente.
—P. T. Barnum

Cuando me inicié como presidente de una universidad, yo no tenía la menor idea acerca de lo que era una auditoria. Nunca antes había visto una. No entendía qué eran los fondos restringidos ni los fondos sin restricciones, no tenía idea de lo que era la depreciación, y las diferentes categorías de números no tenían ningún sentido para mí. La primera vez que me presentaron una auditoría, era página tras página de nada más que números. Al pie de la página, en letra pequeña, había muchos descargos de responsabilidad. Estaban escritos en una especie de jerga de contador.

Simplemente porque hayas escalado varios peldaños de la escalera de liderazgo no significa que automáticamente tengas conocimiento de los detalles financieros y legales de tu organización. De hecho, los líderes emprendedores a menudo tienen singulares carencias de conocimiento debido a los caminos no convencionales que han tomado para llegar a sus posiciones de responsabilidad.

Del mismo modo, los pastores se ven abrumados, y esto es esperable. Probablemente no hayan recibido la capacitación necesaria para tener éxito en sus trabajos porque, hasta hace poco, los seminarios no brindaban cursos de administración empresarial. Debido a recientes escándalos contables corporativos, hasta las corporaciones reciben más escrutinio que nunca.

A pesar de nuestra falta de capacitación en estas áreas, se nos requiere cumplir con las leyes y los reglamentos de los órganos de gobierno: Administración de Seguridad y Salud Ocupacional (OSHA) [por sus siglas en inglés], Procedimientos Contables Generalmente Aceptables, (GAAP), Corporación Federal de Seguros de Depósito (FDIC), y el Servicio de Rentas Internas (IRS), además de inspectores de salud, leyes de préstamos, ordenanzas locales, y regulaciones de zonificación. En el clima de negocios de hoy en día no hay espacio para "simula que lo sabes hasta que lo logres".

PIDE AYUDA

Cuando me presentaron la auditoría, yo no sabía descifrar la información, así que hice lo único que podía hacer. Pedí ayuda. Creé un equipo de asesores presidenciales que se reunía una vez al mes para hablar sobre finanzas. Había nueve personas de diferentes antecedentes en el equipo. Algunos tenían experiencia en finanzas o contabilidad, otros eran personas ajenas a las finanzas que usaban la información para tomar decisiones. Este equipo se reunía, miraba la información, lo discutía y hacía su recomendación en base a su educación, experiencia y apreciación. Esto me permitía tomar buenas decisiones basadas en información que nunca se me había enseñado a entender.

Lo primero que aprendí fue que el número más importante se encontraba en la página número tres. (Para otras organizaciones, el número quizás se encuentre en otra página, de manera que no debes tomar este consejo literalmente). Una vez que encontraba ese número, lo verificaba para saber si estaba entre paréntesis. Si tenía paréntesis, era un número negativo. Eso era malo. Si no lo tenía, era un número positivo, y eso era bueno. Pronto me convertí en experto financiero y podía abrir la auditoría y buscar los paréntesis, aunque obviamente esa no era información suficiente como para tomar decisiones informadas.

De manera que aprendí que debía depender de mi equipo. Debía estar lo suficientemente sano como para decir, "yo no entiendo esto", o "no sé eso; ¿me lo puedes explicar?".

Aprendí a reunir a diferentes tipos de personas.

Por ejemplo, los miembros del personal de una iglesia generalmente no asisten a las reuniones de la junta de directores; no obstante, tiene sentido que el contador se reúna con el comité de finanzas, para poder responder preguntas. De igual manera, si un vendedor de seguros desea venderle a la iglesia un nuevo plan de seguridad o inversión, en lugar de reunirse únicamente con el pastor, se debería invitar a todos los que tengan que ver con las finanzas de la iglesia.

La Biblia dice que hay seguridad en la multitud de buen consejo. Proverbios 15:22 dice, "Cuando falta el consejo, fracasan los planes; cuando abunda el consejo, prosperan" (NVI). Esto es verdad especialmente en el caso del consejo financiero. Un solo consejero confiable y entendido no es suficiente; busca el consejo de varias personas calificadas con diferentes antecedentes y personalidades para asegurarte de recibir respuesta imparcial.

Como líderes, siempre estamos involucrados en las decisiones, pero nuestro rol puede cambiar cuando se trata de asuntos financieros o legales. Por ejemplo, si en la iglesia hay un negocio inmobiliario que tratar, formaremos parte de esa decisión; pero estamos ahí como visionarios, no como pragmáticos. No hay nada de malo en que el visionario participe, pero al final de la negociación los pragmáticos decidirán. Ellos son los que completarán el papeleo y verificarán los cálculos que se verán en los formularios. Nosotros podemos mejorar nuestras propias habilidades de inmediato obteniendo la ayuda de otras personas.

Debemos alentar a las personas que trabajan para nosotros a que puedan proponer múltiples soluciones y luego estrategias para la implementación de esas soluciones. Exigir esta clase de información y planificación estratégica de las personas que trabajan para nosotros es una manera de desarrollarlos como líderes. Este es un ejemplo práctico de cómo podemos elevar el techo. Al esperar de ellos más información de lo que actualmente brindan, les ayudaremos a elevar sus techos de liderazgo.

MÁS QUE DATOS

Algunos de nuestros consejeros recibirán un pago, y otros no; los mismos principios que aplican para la selección de sostenedores de escalera aplica para los consejeros que necesitamos. Pero también es importante mantener un equilibrio. Cuando una organización alcanza ciertas proporciones, será necesario contar con un contador en el equipo. Al ir creciendo, se hace importante contratar un contador independiente que esté disponible para las auditorías externas y para los reportes financieros.

Queremos buscar el equilibrio entre personas a las que estamos lo suficientemente cercanos como para levantar el teléfono y hacerles una pregunta rápida y aquellos que están lo suficientemente alejados como para tener una opinión independiente, externa.

Algunos líderes dirán, "No podemos costear la ayuda financiera o legal que necesitamos". Aunque una organización no lo pueda pagar, no deberían los líderes estar haciendo esta tarea porque lo pagarán de una forma u otra. Gastar $50,000 anuales en buen consejo legal o financiero no es demasiado si finalmente nos ahorra tener que pagar cinco millones de dólares en penalidades o, peor aún, tiempo en prisión.

Los buenos consejeros nos brindan cuatro cosas, en este orden:

- *Datos.* Nos dan la información.

- *La implicancia de los datos.* Nos explican lo que significan los datos. Es el contexto el que nos hace entender el significado de la información.

- *Recomendaciones respecto a las implicancias:* El consejero entiende que este es el mejor consejo que nos puede brindar basándose en la información y lo que significa.

- *Estrategias para las recomendaciones:* Éstas son el quién, qué, por qué, cómo y cuándo de la implementación de la estrategia elegida.

LOS 'NO' FINANCIEROS

No permitas que los consejeros tomen las decisiones. El líder deberá ser siempre quien tome las decisiones finales. La información debe ser presentada y también discutida por un equipo de consejeros financieros, pero nunca debemos abdicar a nuestro poder de decisión. Si no tenemos toda la información que necesitamos, podemos requerir que los consejeros profundicen la investigación, buscar nuevos consejeros o hacer más preguntas.

De cualquier modo, nosotros somos los que debemos asumir la responsabilidad de la decisión. La visión y la toma de la decisión final son dos cosas que el líder nunca debe delegar.

No te comprometas. Muchos líderes comienzan siendo tomadores de decisión de principios, pero en un esfuerzo por hacer que los números parezcan más atractivos para las partes interesadas, comienzan a tomar decisiones basadas en las situaciones. No permitas que las circunstancias guíen tus decisiones financieras. Siempre toma decisiones basadas en los principios, sin importar las consecuencias inmediatas. Las consecuencias a largo plazo de las decisiones tomadas en base a circunstancias siempre serán peores que el costo inmediato.

No trates de hacer todo. Si yo pudiera hacer que los líderes entiendan una sola cosa, sería que no deben hacer todo, especialmente en áreas en las que puedan estar mal preparados para la tarea, tales como la gestión financiera.

HAZ LO QUE MEJOR HACES

Existe una gran diferencia entre entender tu iglesia, ministerio o negocio y comprender cómo funciona financiera y legalmente. A menudo, los líderes de las iglesias y de las organizaciones no están equipados para dirigir estas funciones. Como visionario, entiendes tu producto o tu servicio, tus clientes o tus constituyentes y tienes una mirada clara acerca del futuro —es eso lo que te ha permitido llegar hasta esta altura en la escalera de liderazgo–. Sin embargo, conforme tu organización vaya escalando, las lagunas en tu conocimiento se harán más pronunciadas mientras te enfocas en las cosas más importantes.

Tu falta de conocimientos y experiencia en esta área hacen que representes un riesgo más que un beneficio. En estos casos, la mejor información provendrá de consejeros confiables que no tienen temor de enseñarte lo que ellos ya saben. A la larga son ellos los que te podrán proveer la información que necesitas para tomar las mejores decisiones y ascender al siguiente peldaño sin provocar un desastre inesperado.

CAPÍTULO 11
DELEGAR

Rodéate de las mejores personas que puedas encontrar, delega autoridad, y no interfieras.
—Ronald Reagan, presidente de los Estados Unidos n°40

Como presidente de una universidad, yo era como la mayoría de los líderes. Me encontraba en la posición poco envidiable de poder elegir mi propio dolor. Específicamente, eso significaba que cuando surgía un proyecto importante, yo podía elegir hacerlo yo mismo, o podía delegarlo en algún otro. Ambas opciones me provocaban dolor.

Hacerlo yo mismo, por lo general, significaba trabajar largas horas dejando escapar otras responsabilidades mientras avanzaba pesadamente en la tarea. Después de hacer esto unas pocas veces, no me tomó mucho tiempo darme cuenta de que yo no podía hacer todo solo. Otros aspectos de mi trabajo –aspectos que sólo yo podía atender– no estaban recibiendo la necesaria atención por tener mi energía enfocada en el proyecto. Y mi familia sufrió porque yo debía pasar más tiempo en el trabajo.

Pero en ese momento, delegar trabajos a otras personas no me parecía la mejor opción. Cuando lo hacía todo por mí mismo, yo sabía que lograría hacerlo exactamente como yo quería. Pero si delegaba esa responsabilidad, no tenía ninguna seguridad del resultado. Había más preguntas que respuestas. *¿Qué pasa si no hace el trabajo como lo haría yo? ¿Qué sucede si su rendimiento no está a la altura de lo que yo esperaría? ¿Y qué pasa si fracasa completamente y lo tengo que* *hacer yo de todos modos?* Yo no sólo tendría que hacer el trabajo de nuevo, sino que ahora tendría aún menos tiempo para hacerlo.

Por eso digo que era una posición poco envidiable. Podía elegir entre el dolor de hacerlo yo mismo o el dolor de delegarlo.

DIFICULTADES PARA DELEGAR

Con el crecimiento de nuestras organizaciones, llega un momento en el que aprendemos que no podemos hacer todo nosotros mismos. Para los líderes que están acostumbrados a estar a cargo, esto significa una nueva clase de dolor: el dolor de delegar.

Los líderes estamos acostumbrados a estar en control, de manera que delegar nos es difícil. Cuanto más delego, menos control tengo, y mayor es la posibilidad de que algo salga mal. Delegar podría causar conflicto, desilusión y desánimo; y finalmente podría significar que además termine haciéndolo yo mismo.

Por eso muchas veces escuchamos a líderes decir, "Si quiero que se haga bien, lo hago yo mismo". Nos gusta la sensación de control que proviene de saber que podemos elevarnos o caernos de acuerdo a nuestra propia acción. Pero el control no puede camuflar el dolor, el dolor causado por hacerlo nosotros mismos. No lo podemos hacer solos, sufren otros aspectos de nuestro trabajo y de nuestra vida familiar, y nunca estamos a la altura de nuestras tendencias perfeccionistas.

Quizás elijamos hacerlo solos, sin embargo, cuando nos encontramos en la situación, nos quejamos de que nunca hay nadie que nos ayude. La verdad es que las personas están dispuestas a ayudarnos; nosotros debemos estar dispuestos a pasar por el dolor de delegar. Cuando un líder sigue aferrado cuando hace tiempo debería haber delegado, es una clara señal de que se está ahogando.

Evita a las personas que no pueden soltar. Los que se están ahogando hundirán a su rescatista en su lucha desesperada por no soltarlo. Los líderes que no han aprendido a delegar son personas necesitadas y faltas de confianza. Se ahogarán a causa de su incapacidad para delegar en otros.

Todos los líderes tienen la misma oportunidad que tuve yo como presidente de la universidad; podemos canjear un tipo de dolor por otro. O hacemos las tareas nosotros mismos, o los delegamos.

EL UMBRAL DE DOLOR DETERMINA LA ALTURA

Cuanto mayor cantidad de dolor puedas manejar, más alto llegarás. Al aprender a delegar y sobrevivir el dolor correspondiente, ensanchamos nuestras bases y expandimos nuestros horizontes. Por ejemplo, si soy la única persona que puede aprobar solicitudes de cheques, debo revisar cada pedido antes de que se pueda emitir un cheque. A veces, un vendedor necesitará un cheque de inmediato para asegurar un descuento o cierta fecha tope de entrega. Para que ese vendedor obtenga su cheque, yo debo detener todo lo que esté haciendo para revisar el pedido, autorizarlo y luego pedirle al contador que prepare el cheque.

Yo podría delegar esta responsabilidad en mi asistente. Si hago esto, yo sé que se puede equivocar. Algunos de esos errores podrían resultar costosos. Pero si no delego, me seguirán interrumpiendo para revisar pedidos de cheques, aun cuando estoy trabajando en asuntos más importantes.

Los líderes sólo crecerán hasta su umbral de dolor. En otras palabras, no permitiré que sea mi asistente quien revise los pedidos de cheques a menos que esté dispuesto a atravesar el dolor de enseñarle y verle fallar. Si logro atravesar ese dolor, tendré a alguien más para revisar los pedidos de cheques, y ya no tendré que ser interrumpido constantemente por este motivo. Puedo hacer más y hacerlo con mayor concentración ahora que he delegado una responsabilidad más.

Si insistimos en mantenernos en control, nuestras organizaciones no podrán crecer más allá de nuestras propias habilidades. Sin embargo, si aprendemos a delegar y luego lo hacemos una y otra vez, expandiremos la base de nuestra organización. Por supuesto, la única manera de darle crecimiento a la organización es expandir la base.

EL ANTÍDOTO AL DOLOR

La solución al dolor de delegar son las tres D que tratamos en la Parte 1 de este libro: Descubrir, Desarrollar y Desplegar. Yo *descubro* que Amber tiene muchas de las cualidades de líder de las que tratamos en la Parte I de este libro. Decido que la voy a *desarrollar* como líder y dedicar mucho tiempo para ayudarla a crecer. Pero no puedo detenerme ahí. En algún momento debo dejar de desarrollar y empezar a confiar en que ella está preparada para asumir sus propias responsabilidades. Debo empezar a delegar cosas en Amber; debo desplegarla como líder. Lo que no debería hacer es preparar a una líder y luego dejar que sus dones se estanquen. Sin embargo, es por este motivo que muchas buenas personas han debido dejar sus iglesias o empresas; el líder no estaba dispuesto a desplegarlos. Como líderes, debemos recordar que cuanta mayor responsabilidad deleguemos, más alto podremos llegar.

CAPÍTULO 12
EJECUCIÓN

Para mí, las ideas no valen nada si no se ejecutan. Son nada más que un multiplicador. La ejecución vale millones.

—Steve Jobs, cofundador y exdirector ejecutivo de Apple

Viajaba en el auto con el pastor de una iglesia grande y prestigiosa. Hablábamos acerca del crecimiento que estaban viviendo cuando él interrumpió repentinamente la conversación. "Discúlpame, debo llamar a la iglesia, tu comentario hizo que recordara algo". Tomó su teléfono para llamar al líder de alabanza para cerciorarse de que estuvieran ocupándose de cierto asunto para el servicio del domingo.

Nuestra conversación continuó, pero muy pronto esto ocurrió nuevamente. "Perdóname, acabo de recordar que debíamos responder a la junta de zonificación con información que nos han requerido para tratar nuestra solicitud de zonificación. Llamaré a la oficina para estar seguro de que lo recuerden". Seguimos nuestro camino, y nuestra conversación se interrumpió muchas veces mientras el pastor hacía llamados para hacer el seguimiento de una u otra cosa.

Algunos podrán pensar que el pastor era desorganizado o que estaba tratando de micro manejar a su gente. Yo también podría haber pensado lo mismo, pero he observado los mismos síntomas en muchos otros líderes. El pastor estaba tratando de asegurar que su gente llevara a cabo lo que habían prometido hacer. Estaba haciendo el seguimiento para ver que hubieran cumplido sus trabajos, que hubieran ejecutado el plan. Observo este tipo de conducta en las organizaciones todo el tiempo. Al final, se dice más de lo que se hace.

Si de algo trata el liderazgo, es del manejo de las expectativas. Nuestro trabajo es minimizar la distancia entre las expectativas y la realidad. Cuanto más podamos acercarlas, menor será el conflicto. La mejor manera de saber si las expectativas y la realidad concuerdan es comunicar los detalles con claridad y concretamente.

Al igual que el pastor en la situación anterior, mis clientes a menudo me dicen que no está sucediendo nada en sus organizaciones porque falta implementación. Se despiertan a la noche preguntándose *¿Habrán hecho esto o aquello? ¿Habrá salido esa carta al correo? Espero que se haya realizado ese llamado telefónico. ¿Quién estará manejando los detalles del evento? ¿Habrán enviado las declaraciones de impuestos a tiempo?* Cuando el líder está fuera de la oficina, este tipo de preguntas ataca como un enjambre de mosquitos a los que constantemente hay que eliminar llamando a la oficina para saber si se están haciendo.

El líder no tiene la tranquilidad de poder delegar los detalles en otros y que los concreten. Por el contrario, se encuentra rodeado de personas que dicen sí porque quieren el mérito, pero no cumplen con el cometido. Estas personas transfieren los detalles a las personas en el nivel inferior a ellas y esperan que se concreten. Esta situación destaca la brecha existente entre el líder principal y el siguiente nivel de liderazgo.

INGREDIENTES DE LA EJECUCIÓN

Cuando te encuentres en una reunión, antes de pasar al próximo ítem de la agenda, responde a la pregunta, "¿Quién hará qué para qué fecha?". Si esta pregunta no tiene respuesta, la tarea no se hará. Entonces, cuando estoy en una reunión, siempre pregunto *quién* va a hacer *qué* antes de seguir adelante. Luego averiguo para *cuándo* se hará.

El asunto del cuándo es una parte importante en la ecuación. No debemos olvidar el cuándo. Si digo, "Chris, avísame lo antes posible," yo sé de antemano que el "lo antes posible" mío es más temprano que el "lo antes posible" de él. Cuando digo, "llega temprano", sé de antemano que mi "temprano" es más temprano que su "temprano". Salvo que incluyamos un *cuándo* específico con el *quién* y el *qué*, muy probablemente suframos una desilusión cuando nuestras

EJECUCIÓN 89

expectativas no se alineen con la realidad. Un "cuándo" indefinido es lo mismo que ni siquiera definir un "cuándo".

La mayoría de nosotros ha asistido a entrevistas laborales. Al final de la entrevista, el entrevistador suele expresarse de una de las siguientes cuatro formas para explicar cómo será el seguimiento. Puede decir:

- "Yo te contactaré".
- "Te contactaré la semana próxima".
- "Te contactaré el próximo miércoles".
- "Te contactaré el próximo miércoles a las 10:00".

Si fueras la persona que está esperando respuesta, ¿cuál preferirías escuchar? Yo preferiría la respuesta más específica. Tendría en claro lo que va a ocurrir y cuándo va a ocurrir. Pero si el entrevistador dijera en vez, "Te contactaré pronto". Suponte que otra oferta de empleo aparezca el martes, ¿debo aceptarla o no? Quizás la definición de "pronto" mía era el lunes.

Muchos líderes de alto impacto gritan, "Háganlo. ¡Hagan que suceda!" Pero es más fácil hacer que suceda cuando sabemos quién debe hacer qué para cuándo. John Maxwell dice, "Las personas no hacen lo que esperas; hacen lo que inspeccionas". Saber quién debe hacerlo y para cuándo debe estar hecho hará más fácil poder inspeccionar y exigir rendición de cuentas en el caso que no se haya cumplido.

El slogan de la compañía de calzados es, "Sólo hazlo". Si los líderes quieren ver resultados y evitar conflicto, yo digo, "Averigua quién va a estar haciendo qué para cuándo, y luego puedes inspeccionar aquello que estabas esperando".

CAPÍTULO 13
PENSANDO A FUTURO

La oportunidad de toda una vida se debe aprovechar mientras la oportunidad todavía tenga vida.
—Leonard Ravenhill, evangelista inglés

Era como toda reunión mensual de liderazgo de cualquier iglesia medianamente grande u organización cristiana sin fines de lucro en toda América. Primero el pastor o director ejecutivo oró y brindó un pequeño devocional. Luego, el director general de finanzas presentó un reporte sobre el flujo de fondos y presupuesto, indicando a los líderes de equipo que debían estar atentos a los gastos del año hasta la fecha. El director de desarrollo presentó un reporte sobre la última campaña para recaudar fondos, y el director de recursos humanos explicó la nueva capacitación que se desarrollaría para el equipo. La reunión del mes que viene será igual, con algunas ligeras diferencias.

Aunque suene aburrido, el problema no es que las reuniones sean aburridas (aunque probablemente lo sean). El problema está en el enfoque de la reunión. Estas reuniones, casi en su totalidad, miran al pasado. Se informa lo que ha sido y lo que es, no lo que se hará. Cuando se abordan asuntos a futuro, los temas tratados son, casi en su totalidad, los que la organización deberá afrontar en los próximos doce meses. Los líderes deben dedicar menos tiempo a ver el pasado y más tiempo a prever el futuro. En este capítulo, me gustaría analizar por qué sucede esto, como también algunas de las preguntas que los líderes necesitan hacerse al mirar hacia adelante.

PLANIFICANDO EL FUTURO

El mundo para el que yo me capacité para liderar ya no existe más. A los pastores no se les ha enseñado cómo preparar un sermón empleando multimedios. Sin embargo, a menudo, grandes pantallas con proyecciones de gráficos, mapas, versículos bíblicos y vídeos rodean sus púlpitos. Aprovechar una canción, una danza o una pequeña actuación para introducir el tema del sermón también es común en muchas iglesias. Algunos servicios están diseñados enteramente para los adoradores conectados a internet, y otros para las personas que prefieren un servicio litúrgico de acuerdo a las tradiciones históricas. ¡Ambos desde una misma iglesia! El modo en el que se me enseñó a predicar, enseñar, administrar y dar consejería ya no resulta efectivo en la iglesia de hoy.

De la misma manera, en el mundo de los negocios, se espera que los ejecutivos estén familiarizados no tan sólo con los detalles más importantes de su trabajo, sino también con asuntos de cultura más amplios que parecerían no tener relación alguna con sus negocios, tales como la justicia social, el cambio climático y la sustentabilidad. Deben estar dispuestos a interactuar utilizando los medios sociales, dominar nuevas tecnologías, formar equipos virtuales que provengan de distintas zonas horarias y mantener la diversidad en el lugar de trabajo. Es un mundo nuevo.

Supongamos que hoy envío a mi primer hijo al jardín de infantes. ¿Cómo será la vida para él cuando se gradúe de la escuela secundaria? Para los que hoy son adultos, el mayor rito de paso era comprar un carro durante la escuela secundaria e irse de casa para asistir a la universidad. Muchos expertos pronostican que los niños que nazcan hoy quizás nunca sean dueños de un carro, prefiriendo en vez tecnología autónoma para compartir viajes que será ubicua en la próxima década. Como nos ha demostrado la pandemia de coronavirus del 2020, se puede acceder a la enseñanza superior casi enteramente en línea con mínimo retraso en el progreso académico, haciendo del ritual de "mudarse a la universidad" una novedad en lugar de algo esperable. Dentro de veinte años, ¿tendremos, todavía, correo electrónico? ¿Televisión? ¿Qué asignaturas habrá en la escuela secundaria o en la universidad? ¿Qué empleos existen hoy que no estarán para ese entonces? ¿Saldrán nuestros hijos y nietos de sus casas para ir a trabajar?

En mi libro *Futuring: Leading Your Church Into Tomorrow* [Pensando a futuro: Liderando tu iglesia hacia el mañana], sugiero que este es el modo de pensar que se necesita dentro de nuestras iglesias y organizaciones. Necesitamos mantener sesiones extendidas de planificación para que nuestros equipos puedan pensar creativamente respecto a cómo se verán las organizaciones que lideramos dentro de algunos años. Quince años es demasiado lejos. Recomiendo que los equipos comiencen por mirar a los próximos tres a cinco años. Divide a los líderes en grupos, entregándoles preguntas para que investiguen. Pídeles que informen sus hallazgos dentro de un plazo de tres meses.

Podrán comenzar con estas preguntas:

- En los próximos tres a cinco años, ¿de qué manera cambiará demográficamente la composición de nuestra organización o nuestros clientes?

- ¿Tendremos más constituyentes masculinos o femeninos?

- ¿Qué grupo etario crecerá más rápido? ¿Por qué?

- ¿Cuáles serán las etnias, los factores socioeconómicos y la educación de nuestra gente dentro de tres años?

- Dentro de tres años, ¿cómo se verán los vecindarios y las comunidades en que estamos trabajando?

- ¿Qué desarrollos están previstos que desconozcamos?

- ¿Existe algún plan para construir un Walmart, alguna escuela nueva, o un complejo de apartamentos subsidiado para personas de bajos ingresos?

- ¿Se habrá proyectado alguna autopista que pudiera atravesar nuestro estacionamiento y tomar tres hectáreas de nuestra propiedad?

- ¿De qué manera se modificaría el flujo de tráfico de acuerdo a los nuevos planes de construcción?

Una parte de esta información local estará disponible en el ayuntamiento, la Cámara de Comercio, u otras oficinas de negocios locales. Otros datos son obtenibles desde los servicios en línea que se especializan en datos de mercado y analítica predictiva. Se podrá conseguir alguna información adicional a través de señales corporativas. Por ejemplo, si McDonald's se ha mudado al vecindario recientemente, podremos suponer que la corporación entiende que el vecindario se mantendrá estable durante los próximos años. Si la franquicia local de McDonald's construye un patio de recreo, la investigación corporativa probablemente esté demostrando que existen muchas familias en crecimiento en las cercanías.

¿El consejo escolar local está proyectando un nuevo edificio escolar? Si es así, los educadores están preparándose para un crecimiento dentro de los próximos cinco a diez años. La escuela, ¿es una escuela primaria, escuela media, escuela secundaria? ¿Qué nos dice eso acerca del crecimiento en esta área? ¿Se están instalando caños de agua o cableado eléctrico para alguna localidad en particular? ¿Algún desarrollista habrá presentado planes para una subdivisión de tierras, aunque no haya comenzado ninguna tarea aún?

Responder a estas preguntas y a otras parecidas nos ayudará a entender de qué manera las necesidades de nuestros constituyentes y clientes podrían cambiar en un futuro cercano.

Supón que los miembros de nuestro equipo en la iglesia regresan a los pocos meses y han obtenido información que sugiere que la comunidad alrededor de la iglesia será cada vez más latina. También descubrieron que se estará construyendo un complejo de viviendas subsidiadas en la manzana siguiente. Conociendo esta información, podremos tomar decisiones respecto a nuestros ministerios y nuestra programación. Por ejemplo, ¿quiénes en nuestro equipo hablan español? ¿Hemos pensado en la posibilidad de un ministerio que se ocupe de la enseñanza del inglés como segunda lengua? ¿Deberíamos incluir un servicio de alabanza en español? ¿Qué otros servicios podríamos ofrecer? ¿Deberíamos pensar en un centro de cuidado diurno para ayudar a las madres que trabajan?

Alguna vez alguien dijo, "Las oportunidades nunca se posponen; se pierden para siempre". Perderemos oportunidades si no estamos planificando intencionalmente. Los líderes necesitan dedicar más tiempo a pensar acerca del futuro y menos tiempo a pensar en el pasado. Lo único que podemos hacer con el pasado es aprender de él; y, aun así, para que esas lecciones sean de valor, se tienen que aplicar al futuro.

LÍDERES DEL FUTURO

Los líderes del futuro pronostican tendencias, imaginan escenarios y ayudan a crear el futuro deseado. Los líderes del futuro tienen el empuje de la visión. Dicen cosas tales como, "¿Hacia dónde vamos?". "¿Qué vamos a hacer?" y no frases como "¿Dónde hemos estado?". Cuando conducen, miran por el parabrisas, no por el espejo retrovisor.

Cuando asistimos a una reunión dirigida por un líder del futuro, el tiempo se ocupará hablando de las cosas que se avecinan en lugar de las cosas que ya pasaron. Un líder del futuro intencionalmente aplica las lecciones del pasado a las actividades futuras. Toda su manera de pensar y de hablar está enfocada en el futuro.

El enfoque futuro tiene implicancias mucho más allá de la simple planificación y estrategia. Afecta inclusive el modo en que desarrollamos a las personas. Por ejemplo, si Bart se equivocara, muchos líderes le increparían por sus errores. Un líder del futuro utiliza el lenguaje de otra manera, diciendo, "Bart, la próxima vez que hagas esto …" Todo su vocabulario habla del futuro.

Aprovechando el ejemplo de la reunión de líderes, una persona de finanzas que trabaja para un líder del futuro no traerá únicamente informes a la reunión de equipo mensual. Traerá también proyecciones. Él entiende que la planificación financiera y estratégica van de la mano. De la misma manera, cuando sea el momento de hablar de recaudación de fondos, el director de desarrollo dedicará menos tiempo a los resultados de la reciente campaña y más tiempo a cómo el aprendizaje de esa campaña impactará en los planes futuros. El director de recursos humanos estudiará las tendencias de empleo y ayudará a los líderes de equipo a entender lo que le será necesario al trabajador de mañana para poder realizar su trabajo.

El futuro abre posibilidades. Es emocionante estar cerca de líderes del futuro porque ellos siempre ven las oportunidades, pero no podemos ser líderes del futuro nosotros solos. También debemos tomar tiempo para ayudar a nuestros compañeros de equipo a convertirse en gente que mira al futuro y planifica el futuro

LÍDERES DEL PASADO VERSUS LÍDERES DEL FUTURO

Los líderes que nos han traído hasta este punto quizás no sean los que nos conduzcan al futuro. Esta es una de las lecciones más difíciles de aprender. Las personas que llevaron a nuestra iglesia de 100 miembros a 200 miembros quizás no sean los que nos lleven de 200 a 300. Quienes llevaron a nuestra organización de los cinco miembros de equipo a quince miembros quizás no sean los que nos lleven de los quince hasta los treinta miembros de equipo. Déjame decirlo de esta manera: Nuestros nuevos líderes rara vez serán nuestros antiguos líderes. No es que sean incapaces de liderar; sino que son incapaces de ver a la organización de una manera diferente a cuando ellos se incorporaron.

Necesitamos incorporar líderes de pensamiento a futuro que nos acompañen. Necesitamos personas que puedan visualizar el futuro. Algunos de nuestros líderes originales no podrán hacer el viaje, de manera que debemos planificar la manera de desacoplarlos como líderes. Esta transición puede ser difícil, pero es necesaria. Como líderes, debemos tener nuestras mentes en el futuro y en las actividades que lo respalden.

PARTE III
LA TRANSICIÓN

INTRODUCCIÓN

Tuviste la visión. Sabías dónde querías llegar, escalaste fielmente y finalmente arribaste a la cima de tu escalera, conquistando todas tus metas o la mayoría de ellas. Una vez alcanzada la cima de la escalera, muy probablemente tengas que afrontar la transición. Después de todo, no hay nada permanente en la vida.

Por ejemplo, un día advertí que había escalado la escalera del éxito como presidente de una universidad creciente. Durante catorce años, había tenido un sueño y había trabajado duro mientras escalaba esa escalera dorada. Me agradaba la gente, el trabajo, los desafíos y la emoción de escalar cada peldaño. Sin embargo, un día algo cambió. (Digo "un día", aunque algo había estado ocurriendo desde hacía algunos meses hasta el día que me di cuenta).

¿Quién movió mi escalera? Yo no me quiero quedar acá, pensé. Luego entendería que muchos líderes están o han estado exactamente en el mismo lugar en el que yo me encontraba ese día. ¿Quién movió nuestras escaleras? ¿Quién cambió las cosas? ¿Quién se llevó la emoción? ¿La alegría? ¿El desafío?

La verdad es que, donde yo me encontraba era exactamente donde había querido llegar; al menos era adonde quería llegar cuando empecé a escalar esa escalera en particular. Lo que debía enfrentar, al igual que muchos, es que parecía que alguien había movido mi escalera. La emoción, el gozo y el desafío desaparecieron. Miramos por sobre nuestros hombros y vemos dónde nos encontrábamos la primera vez que sentimos esa emoción vertiginosa y nos precipitamos por esos peldaños. Aquellos eran los días cuando saltábamos de la cama cada mañana. Incluso por las noches al acostar nuestros cuerpos cansados, sentíamos que habíamos logrado cosas. Sabíamos que íbamos en la dirección correcta; habíamos escalado un poco más alto en la escalera.

Una vez que ese nivel de entusiasmo comienza a desvanecerse, esta es la realidad que debemos enfrentar: nadie ha movido nuestra escalera. Está exactamente en el mismo lugar en el que siempre ha estado. Nosotros hemos cambiado. Hemos escalado la escalera y aunque haya sido la correcta, ya no es más la preferida ni la que me satisface. Al menos, esa fue mi experiencia.

Puede que algunos hayan escalado alto en las escaleras, y al acercarse a la cima hayan pensado: "Oh, en realidad no es aquí donde quería llegar". En mi caso, no se trataba de que mi escalera estuviera apoyada sobre la pared equivocada; no obstante, se hubiera convertido en la pared equivocada si yo permanecía en ella. Mi escalera se había movido. Es decir, mi visión había cambiado.

Un día, observé el mundo desde mi escalera. La pasión había disminuido. No despreciaba mi escalera ni lo que estaba haciendo. Lo sentía, bueno, un poco predecible, casi aburrido. "Ya he hecho esto", me dije.

¿Qué me está pasando? Esa es la pregunta que la mayoría de nosotros nos hacemos cuando la emoción de nuestros trabajos deja de estar. Con toda seguridad, algo no andaba bien dentro mío. Si algo se había vuelto defectuoso, yo debía descubrir qué parte estaba funcionado mal, repararla y seguir adelante. Mientras reflexionaba sobre esa pregunta, me di cuenta de que yo había estado parado más o menos en el mismo lugar durante varios meses. Las actividades no se habían detenido. Yo había dispuesto las cosas de tal manera que nadie se percatara de que yo no me movía. Pero yo sí me daba cuenta.

Más importante aún, de tanto en tanto, durante meses, me examinaba y me fastidiaba conmigo mismo por haber perdido mi entusiasmo innovador. Sin embargo, en algún momento del proceso, lentamente, pude admitir que no era yo el problema. El problema era la escalera.

¿Qué había pasado con la hermosa, maravillosa, escalera que yo había estado escalando? ¿Dónde estaba la emoción que había vivido mientras escalaba lentamente? ¿Dónde estaban el contentamiento interior y el gozo? ¿Por qué ya no estaba la constante emoción al pisar el siguiente peldaño?

¿Qué ha ocurrido? ¿Quién ha movido mi escalera dorada? ¿Era hora de buscar una nueva escalera? ¿Era hora de aferrarme, apretar los dientes, y sencillamente seguir haciendo aquello que venía haciendo desde hacía más de una década? ¿O era tiempo de bajar de mi escalera y buscar una nueva?

Era tiempo de transición, pero me tomó semanas aceptar esta verdad.

Algunas personas se tienen que mover obligadamente. Pierden sus trabajos, son despedidos o se les dice, "búscate un nuevo empleo". Deben hacer cambios forzosamente. ¿Pero cómo hacer las transiciones cuando todo marcha bien? ¿cuando estamos teniendo éxito? ¿cuando hemos logrado más de lo que jamás hayamos soñado? ¿cuando todavía nos aplauden nuestros amigos y también nuestros críticos?

Yo había subido más alto en la escalera de lo que nadie se esperaba. Una vez llegado al peldaño superior, me di cuenta de algo: ya había subido todo lo que se podía en esta escalera. Debía analizar dónde estaba y hacia dónde quería ir a partir de ahora. Si era momento de cambiar de escalera, ¿cuál debo escalar ahora? ¿Era tiempo de relajarme, descansar, observar lo que había logrado y disfrutarlo?

La mayoría de los líderes se enfrenta a esta situación en algún momento de sus carreras, y algunos, más de una vez. No es un lugar cómodo.

Comencé mi búsqueda de recursos que me ayudaran en mi toma de decisión para la transición. Estos son algunos de los temas con los que luché:

- ¿Qué está ocurriendo?

- ¿Por qué estaba emocionado y asustado a la misma vez?

- ¿Cuáles eran las preguntas críticas que debía hacer?

- ¿Cuáles eran los ingredientes indispensables?

- ¿Qué hacer respecto a un sucesor?

Para mi sorpresa y consternación, encontré muy poca información disponible. De eso es de lo que trata la Parte III de este libro. Ya sea que estés comenzando el ascenso, o que te encuentras cerca de la cima de tu escalera, te aseguro que, tarde o temprano, harás una transición. ¿Cuáles son las señales internas que guiarán tu cambio de lugar? ¿Cómo podrás discernir el momento? ¿Quién te acompañará durante el proceso? ¿A dónde irás ahora? Compartiré algo de mi propio viaje de transición, juntamente con conocimientos prácticos que recolecté durante el proceso. La transición inevitable que algún día enfrentarás no tiene que ser espantosa. Puede resultar estimulante y podría posicionarte para alturas de éxito aún mayores en la próxima escalera que Dios te ha dado para que escales.

CAPÍTULO 14

INSATISFACCIÓN Y DISCERNIMIENTO

La intranquilidad es insatisfacción, y la insatisfacción es la primera necesidad de progreso.
—Thomas A. Edison, inventor y emprendedor

Mi transición comenzó con lo que yo llamo una insatisfacción de parte de Dios. Había trabajado duro en ayudar a la universidad hacia su progreso, y lo habíamos logrado. Había cumplido cada meta y cada desafío. En vez de sentir alegría y emoción, se instaló el aburrimiento.

La mayoría de los líderes persiguen los desafíos, ya sea haciendo crecer una iglesia o desarrollando una organización, sumando personal, impulsando la productividad o aumentando las finanzas. Cuando hemos logrado eso, comenzamos a sentirnos como Alejandro Magno. Cuenta una leyenda que, una vez que hubo logrado conquistar el mundo hasta entonces conocido, se sentó a llorar. Ya no le quedaban más mundos por conquistar.

Mi mundo no era ni tan extenso ni mis logros tan grandes, pero había logrado más de lo que me había propuesto. Miraba fijo el calendario en el escritorio y suspiraba. "Ya he hecho todo esto antes". A algunos, la insatisfacción les empuja a incrementar su actividad y su lucha con el fin de volver a vivir la emoción del éxito. Por un breve período, intenté hacer justamente eso. Pensé que la respuesta sería hacer más. Después de algunas semanas, advertí que "más" no significaba ni mayor disfrute ni emoción. "Más" sólo significaba que yo estaba más ocupado. ¿Cómo podría recuperar ese entusiasmo? Durante semanas reflexioné sobre mi dilema. No hablaba del asunto, porque tampoco sabía cómo hacerlo.

Ese fue el comienzo de la insatisfacción de parte de Dios, aunque yo todavía no sabía cómo llamarlo.

Yo hacía cosas, y las hacía bien, pero algo dentro mío me susurraba: *Ya no quiero seguir haciendo las mismas cosas una y otra vez*. Mientras escuchaba mis gemidos internos, admití que no quería hacer más administración. Estaba cansado de recaudar fondos. Ocuparme de los asuntos del equipo de trabajo comenzó a cansarme. Ya no deseaba ocuparme del manejo de conflictos. No quería programar más reuniones ni desayunos ni aceptar más oportunidades para predicar. Me espantaba el pensar en realizar una sola entrevista de trabajo más. No quería ocuparme de los aspectos financieros de nuestra universidad, aunque se encontraban en situación saludable. Esas eran las cosas que normalmente debía afrontar pero que ya no quería seguir haciéndolo.

Aburrimiento interior. Esto es lo que me atormentaba, y una vez que pude admitirlo internamente, lo mantuve oculto de los demás. "Hasta dormido podría manejar toda esa demanda de trabajo", me dije en voz alta. Podía hacer esas cosas –y las había estado haciendo por catorce años– pero ya no quería hacerlas más. Mientras me enfocara en lo que estaba mal, no llegaba a ninguna parte. Una vez que me abrí a la posibilidad de Dios, supe que estaba yendo en la dirección correcta.

¿Y qué si esta insatisfacción fuera de parte de Dios? ¿Qué si este fuera el primer paso para deshacerme de lo viejo y prepararme para lo nuevo? Allí es cuando comprendí el concepto de insatisfacción de parte de Dios. Significaba que yo estaba bien, y que no importaba cuánto me esforzara, me sentiría cada vez más desencantado.

Debía cambiar de escalera, pero no sabía a cuál escalera aferrarme. Había muchas escaleras entre las cuales elegir, y podría haber comenzado a escalar cualquiera de ellas.

Esto es lo que hace que la transición entre escaleras sea aún más desafiante que comenzar desde abajo. Cuando te encuentras abajo, tus opciones son bastante limitadas, ya sea por el número de roles para los que estarías calificado o el número de organizaciones que podrían contratarte. Sin embargo, cuando has llegado a la cima de la escalera, otros lo notan. Quizás recibas ofertas que ni siquiera estabas buscando, y tendrás que elegir entre múltiples oportunidades buenas.

Antes de poder pasarme a otra escalera, debía estar seguro de no querer quedarme en la posición en la que estaba. Casi cada día discutía conmigo mismo. Al principio, estaba demasiado asustado como para pensar seriamente en irme. Había trabajado duro, me había ganado el respeto de mis pares y, por primera vez en mi vida, había logrado una estabilidad financiera. Hubiera podido seguir en mi puesto actual hasta que llegara el momento de jubilarme.

¿O no hubiera podido?

Cada elección tenía un riesgo; era riesgoso dejar mi posición actual, y era riesgoso quedarme. Si renunciaba, ¿debía irme de inmediato o esperar un año más? ¿Por cuánto tiempo debía planificar antes de tomar acción?

DISCIRNIENDO LA VOLUNTAD DE DIOS

Entiendo que la insatisfacción que yo sentía provenía de parte de Dios, y si era así, era lógico que Él estuviera utilizando esto para redireccionarme a una escalera diferente. Si bien la insatisfacción parecía indicar que era tiempo de cambiar de escalera, no me daba demasiada dirección respecto a cuál debía ser la próxima escalera. ¿Cómo se compagina la voluntad de Dios con este tiempo de transición? Mientras reflexionaba, me vinieron a la memoria las cuatro maneras en las que Dios nos habla, mencionadas por el experto en liderazgo Tim Elmore.

La primera es un rayo. Esto es como cuando Pablo fue derribado en el camino a Damasco o cuando Dios le habló tres veces a Samuel en un sueño. ¿Puede Dios hablar de esa manera? Claro que sí. ¿Habla Dios, de esta manera, a menudo? Probablemente no.

La segunda es un llamado desde el nacimiento. En el Antiguo Testamento, había personas llamadas Nazarenos, tales como Samuel y Sansón. En la era del Nuevo Testamento, Juan el Bautista probablemente encaja dentro de esa categoría. Desde el momento de sus nacimientos, sus padres los dedicaban al servicio de Dios. Para esos niños, no existía la opción de elegir. Ellos crecieron sabiendo lo que Dios quería y esperaba de ellos.

La tercera es un entendimiento lento y creciente. No es una reacción inmediata y podría llevar muchos años hasta desplegarse. Es como un talento latente. Está ahí todo el tiempo, pero está profundamente escondido por dentro hasta que descubrimos su presencia. Cuando estamos siguiendo la guía del Espíritu Santo, tenemos paz en nuestros corazones. Si intentamos alguna nueva actividad, lo hacemos bien y lo disfrutamos, esa es una fuerte indicación del plan de Dios desplegándose gradualmente en nuestras vidas.

La cuarta es que vemos puertas abiertas. Siempre puedo salir de una habitación, pero no siempre puedo entrar a una habitación. Siempre puedo decir que no pero no siempre puedo decir que sí. Si una puerta se abre para mí, yo entiendo que es mi responsabilidad echarle un vistazo al lugar. Quizás no sepa si es la voluntad de Dios, pero no viene mal investigar la puerta abierta.

Para mí, la voluntad de Dios siempre ha sido un asunto nebuloso. No podría definirlo como las personas que tienen una fórmula instantánea y fácil. La manera en que Él le habla a los demás es diferente a la manera en que me habla a mí. No conozco tanto acerca de la voluntad de Dios, pero he aprendido a conocer la longitud de onda o frecuencia en la que el Espíritu se comunica conmigo.

Mientras reflexionamos sobre el mover de Dios en nuestras vidas, ésta es una buena pregunta para hacernos: ¿conozco yo la manera en que Dios me habla? (muchas personas no saben la respuesta).

La tendencia para la mayoría de nosotros —y yo no soy ninguna excepción— es que siempre queremos conocer o, por lo menos, comprender la voluntad y los caminos de Dios. He escuchado a tantos citar Romanos 8:28 (NVI): "Y sabemos que Dios dispone todas las cosas para el bien de quienes lo aman, los que han sido llamados de acuerdo con su propósito". Luego agregan, "Algún día entenderemos". Quizás no lo entendamos nunca. Cuando buscamos la voluntad de Dios, decimos todo el tiempo, "Muéstrame". Dime. Háblame". Si realmente lo supiéramos, no estaríamos caminando por fe.

El teólogo danés Soren Kierkegaard insistía en que el bien supremo es encontrar tu vocación (o llamado) en la vida. Habló acerca de discernir la voluntad de Dios a través de la experiencia personal (una creciente conciencia) y de nuestras convicciones (puertas abiertas u oportunidades evidentes).

Para mí, una vez que sentía hacia qué dirección Dios me estaba conduciendo, necesitaba dar el salto de fe de Kierkegaard –saltar a lo desconocido– y confiar que las manos de Dios me sostuvieran. Primero con el corazón, y luego con la cabeza. Este no es el procedimiento para todos, pero esta es la manera en la que yo siento que Dios obra en *mi* vida.

Esta es una manera más en la que las personas pueden ver al Espíritu Santo obrando en sus vidas. Les pido que revisen su propio viaje espiritual. Observen todos los momentos significativos en sus vidas. Mientras hacen esto, les insto a que se pregunten:

- ¿Dónde se ven las huellas de Dios en mi vida?

- ¿Qué patrones divinos puedo ver?

- ¿De qué manera suele hablarme el Señor la mayoría de las veces?

- ¿Cuáles fueron las últimas tres decisiones importantes que tomé? ¿Qué factores comunes había en cada una de ellas?

¿Cuánta importancia tiene el estar viviendo al límite, por la fe? Hay un viejo dicho, "Si no estamos sobre el borde, estaremos ocupando demasiado espacio".

Eso significa que hay que mantenerse en movimiento. En el borde estaremos inquietos. No existe un lugar donde podamos quedarnos parados y decir, "Este es el borde", porque el borde siempre se va extendiendo. De otra manera, el borde finalmente se convertirá en nuestra zona de confort.

CAPÍTULO 15
VALORES Y PASIÓN

Cuando tienes claros tus valores, te es más fácil tomar decisiones.
—Roy Disney, cofundador de la Compañía Walt Disney

Mientras avanzaba en mi transición interna, identificando mi insatisfacción de parte de Dios y discerniendo la voluntad de Dios, también me pregunté: ¿Cuáles son mis valores fundamentales? *¿Cuál es la esencia de Samuel Chand? ¿Si alguno investigara lo suficientemente profundo, qué valores verdaderamente guían mi vida?*

Algunas cosas son importantes para nosotros desde lo más profundo de nuestro ser interior y otras nos importan porque son importantes para nuestra cultura, nuestra corporación, nuestra comunidad o nuestra propia familia. No siempre es fácil distinguir entre los valores fundamentales y las preocupaciones importantes. Es fácil autoconvencernos de que los valores que son importantes para nuestras organizaciones o nuestras iglesias son los que amamos y que, por lo tanto, deben tener el mismo valor para nosotros. Cuando las relaciones se arruinan, muchas veces es porque existe una confusión entre los valores fundamentales y las preocupaciones importantes.

Cada vez más, yo veía que mi valor era tan simple como las palabras de Jesús. Él dijo que el primer mandamiento era amar a Dios completamente y el segundo "es parecido", es decir, de igual importancia: "Ama a tu prójimo como a ti mismo" (Mateo 22:38, NVI).

Lo pensé de esta manera: Si yo hago diligentemente lo que yo pueda hacer para ayudar a que otros se vean bien –a que sean su mejor versión– ¿no sería esa una manera de cumplir las palabras de Jesús? Si yo ayudo a un pastor, podré ayudar a la iglesia entera; si yo ayudo a un director ejecutivo, ayudaré a toda la organización.

También me di cuenta de cuánta verdad había en esto con una pequeña ilustración. Suponte que Dios me dijera, "Elige. Si entras por la primera puerta, hallarás veinte pastores allí adentro esperando tu ayuda. Si eliges la segunda puerta, te encontrarás con veinte mil cristianos. Elige cuál grupo quieres, y yo estaré contigo".

Esa decisión no requirió ninguna reflexión. Yo respondería, "Voy por los veinte". Eso hizo que comprobara cuál era mi valor fundamental.

Había otros valores, y, por supuesto, el de arriba es sólo uno de ellos. Pero conocer y reconocer esos valores fundamentales implica estar en contacto con nosotros mismos. A algunas personas les resulta extremadamente difícil sondear profundamente.

Otro problema que observé con relación a los valores fundamentales es que algunos afirman tener demasiados. Yo estimo, basándome en mi experiencia trabajando con líderes y examinando mi propio corazón, que, como mucho, la mayoría de nosotros tenemos entre tres y cinco valores fundamentales. Si de verdad lo analizamos, probablemente sean sólo tres.

¿Cómo descubrimos esos valores fundamentales? Examinamos profundamente nuestro corazón, inclusive comprobando nuestras propias motivaciones. Nos preguntamos, *¿Qué es lo que más valoro?* Buscamos implacablemente: *¿Qué cosas me importan? ¿Qué cosas sueño? Cuando sueño despierto, ¿cuáles son los valores?*

Todos tenemos una gran necesidad de aceptación, amor y afirmación. Esto es más fuerte en algunas personas que en otras, y con toda certeza son parte de los asuntos centrales con los que luchamos.

IDENTIFICAR TU PASIÓN

¿Quién soy? Todos nos hacemos esa pregunta (o deberíamos hacérnosla) en algún momento de la vida, y es un asunto importante con el que luchar. Le sigue una segunda pregunta, que no se formula tan frecuentemente: *¿Cuál es el propósito de mi vida?*

Años atrás, me hice esa pregunta por primera vez e insistí hasta obtener una respuesta. Podría haber abordado el tema haciendo cualquiera de las siguientes preguntas:

- ¿Cuál es el propósito de mi vida?

- ¿Para qué cosas soy talentoso?

- ¿Cuáles son mis mayores habilidades, y cómo las empleo?

- ¿Qué produce los mejores resultados?

- ¿En qué encuentro mayor satisfacción?

En lugar de eso, me enfoqué en la pregunta acerca del propósito de mi vida: ¿Qué es lo que mejor hago? ¿Cuándo y cómo soy más efectivo en mi vida?

Dirigir programas e instituciones me aburría, pero un aspecto de mi trabajo todavía me atrapaba. Aquella parte de mi trabajo –que era bastante pequeña– alegraba mis peores días. Como mencioné anteriormente, yo entendía que uno de mis valores fundamentales era seguir el gran mandamiento: amar a Dios y amar a mi prójimo. Pero ¿de qué manera específica estaba yo preparado para amar a mi prójimo? ¿Dónde estaba la intersección entre mis valores y mi pasión?

Debido a mi rol, a veces funcionaba como consultor de liderazgo. Pensé, quiero ayudar a líderes a alcanzar su mayor potencial. Quiero servir a líderes como quien libera sus sueños. Mi visión es ayudar a otros a alcanzar el éxito.

Me percaté de que casi cada pastor con el que me encontraba o director ejecutivo con el que hacía consultoría, yo estaba edificándolos, animándolos, y ayudándolos a alcanzar el éxito. La liberación de sueños era algo constante y fresco. Cada consulta alegraba mi día.

Me pregunté: ¿Qué significa esto?

Aun cuando no me diera cuenta, cuanta más consultoría realizaba, más me entusiasmaba. Esta ocupación secundaria me obligó a leer más libros y artículos, a escuchar más grabaciones y conferencias que nunca. Salvo en mis días de estudiante universitario, no recordaba cuándo hubiera sentido tanto entusiasmo por saber más y entender mejor.

No tuve ningún momento mágico ni golpe instantáneo de iluminación, sino que, gradualmente, llegué a darme cuenta de que soy un liberador de sueños. Me encanta ayudar a otros a alcanzar el éxito.

Otros tienen sueños, pero no parecen poder concretar esos sueños. Dios me ha dado la habilidad de ayudarles a liberar esos sueños.

Eso me llevó a preguntarme: ¿Cómo sé si estoy siendo efectivo en liberar los sueños de otros? Miré lo que ya había logrado dentro de la universidad. Mis ideas habían funcionado y habíamos desarrollado una gran universidad; no era perfecta, pero nos había ido bien. Habíamos recorrido un largo camino en los años que había estado allí.

¿Qué está haciendo Dios en mi vida?, me pregunté. ¿Cuáles son mis dones? ¿Qué es lo que más estoy afianzando? ¿Cuándo me siento más realizado?

La pregunta acerca del propósito de la vida no termina allí —es algo que debemos seguir persiguiendo y sondeando–. Conforme yo respondía a una pregunta, otra surgía y luego otra más.

¿Qué cosas provocan que golpee la mesa con pasión? ¿Qué me hace llorar? ¿Qué me trae gozo? ¿Qué clase de interacciones me permiten irme de allí diciéndome a mí mismo, ¡sí! ¡sí!? ¿Tengo esa sensación de realización?

Sólo al mirar hacia atrás pude darme cuenta, pero es allí donde se sembraron las primeras semillas de la insatisfacción de parte de Dios. Yo quería poder dedicar noventa y cinco por ciento de mi tiempo a liberar sueños y cinco por ciento a otras cosas. ¿Cómo haría para que esto fuera posible?

Una vez que descubrimos la dirección correcta, la pasión regresa. Hasta ese momento, se siente como si hubiéramos estado viviendo en una zona de muerte. Estamos aburridos o intranquilos, y nada nos llena de realización profunda ni gozo.

Esta es una pregunta que los líderes deben hacerse cuando se mueven de una posición a otra: ¿Siento la pasión suficiente en este momento como para que me pueda visualizar quedándome en este trabajo por el resto de mi vida profesional? ¿O será sólo temporario? Si es sólo temporario, ¿cuáles son mis motivos para aceptar el trabajo?

En mi caso, no pienso en lo que hago como un trabajo. Lo es, por supuesto, y se me paga por hacerlo. Pero pienso en lo que hago en términos de la realización y satisfacción personales de haber ayudado a otras personas.

Cuando nuestro trabajo nos apasiona, quizás no estemos en el lugar correcto, pero es una buena indicación de que vamos en la dirección correcta.

Como todos, tengo capacidad para el autoengaño. ¿Qué pasa si me equivoqué? ¿Qué pasa si esto ha sido un error o una insatisfacción temporaria? ¿Qué pasa si ésta ha sido una situación de agotamiento y no una verdadera insatisfacción de parte de Dios? ¿Y qué si ser un liberador de sueños no fuera la escalera que Dios deseaba que yo escale?

Me llevó varias semanas de lucha interna hasta que pude estar bastante seguro de estar yendo en la dirección correcta. Una vez que tuve la sensación de hacia dónde quería ir, lo primero que hice fue buscar consejo.

CAPÍTULO 16
CONSEJO SABIO

Al necio le parece bien lo que emprende,
pero el sabio escucha el consejo.
—Proverbios 12:15 (NVI)

Antes de tomar ninguna acción en cuanto a cambiar de una escalera a otra, debemos buscar el consejo de otros. Aunque había vacilado, yo sabía que era momento de ir más allá de mi propio marco de referencia. Necesitaba hablar con otros líderes quienes, no sólo entendieran acerca de las transiciones, sino que también las hubieran hecho.

A muchos de nosotros nos resulta difícil abrirnos a otros. Sentimos que lo podemos manejar por nuestra cuenta. O quizás sintamos demasiada vergüenza como para admitir que no sabemos cómo manejar nuestras propias vidas. Muchos de nosotros, a causa de nuestras propias inseguridades, somos ambivalentes respecto a abrirnos a cualquier otra persona. Y aunque queramos abrirnos, no es fácil. Cuando hablamos con aquellos que más nos pueden ayudar, es como si esperáramos que nos lean la mente porque no podemos decir las palabras: "Ayúdame. Ayúdame a razonar esto".

Las personas presentan excusas para no abrirse, pero estoy convencido de que es la intención de Dios que compartamos nuestras cargas con otros. Las Escrituras dicen, "Sin liderazgo sabio, la nación se hunde; la seguridad está en tener muchos consejeros." (Proverbios 11:14, NTV).

El punto es que, salvo que podamos abrirnos y beneficiarnos de la sabiduría de otros, corremos el peligro de tomar decisiones faltas de sabiduría. Yo no quería cometer el error de no escuchar a aquellos que pudieran tener una perspectiva diferente. Una vez que me decidí a buscar consejo, mis primeras preguntas fueron: *¿A quién pregunto? ¿Quién será el que más me ayude?* Conversar con la persona equivocada podría causarme frustración o desanimarme, necesitaba enfocarme en aquellos que poseyeran la experiencia y el conocimiento como para ofrecer una mirada sabia.

Con el fin de prepararme para compartir mi situación, me senté al escritorio y preparé un perfil de las personas con las que quería hablar respecto a irme de la universidad. Dado que quería respuestas absolutamente objetivas, decidí eliminar a cualquiera que pudiera estar involucrado o que se viera afectado por mi decisión.

Quiero dejar en claro que sería mi esposa, Brenda, la que más se vería afectada negativamente si las cosas salieran mal. Pero creíamos en el concepto bíblico por el que marido y mujer se vuelven uno (ver Génesis 2:24; Mateo 19:6). Ella funcionaba no sólo como una parte mía sino como una caja de resonancia a través de todo el proceso. Yo hablaba con ella respecto a algunos de los asuntos interiores de los que no podía hablar con los demás.

Uno no anda pidiendo consejo a cualquiera que quiera escucharnos. Debemos ser selectivos con respecto a quién consultar. Yo había decidido hablar solamente con quienes pudieran brindarme consejo *profesional*.

Después de decidir el tipo de persona a la que quería consultar, hice mi lista, agregando y quitando nombres hasta que supe que tenía las personas con las que podía hablar con libertad. Mi lista tenía catorce nombres. Uno por uno, los llamé y acordé una cita para pasar tiempo con ellos cuando pudieran aconsejarme cuidadosamente.

Iba a escalar una escalera que nunca había escalado. Yo no sabía si estaba firmemente plantado ni cuán alto llegaría. ¿Estaba asustado? Sí, lo estaba. Pero también me asustaba no arriesgarme. Dado que quería asegurarme de estar tomando el riesgo correcto, busqué la guía de otros tomadores de riesgo.

CONSEJO SABIO 115

No le pedía a ninguno de ellos que me brindara el consejo tradicional que recibimos de los cautelosos o tímidos como, por ejemplo, "creo que deberías orar más sobre esto". "¿No te parece que te está yendo bien donde estás ahora?". "¿Por qué irte ahora? Disfruta del fruto de tu trabajo". "Muchas personas tienen grandes ideas que después no resultan".

Aunque en mi lista inicial tenía más de catorce nombres, no hablé con todos ellos. Para cuando había recorrido la mitad de mi lista, me di cuenta de que había recibido la guía que necesitaba.

El motivo por el que no hablé con todos los que tenía en mi lista fue que, aunque tenían buen corazón, algunos de ellos eran estabilizadores. Eran buenas personas, y yo los estimaba, pero yo no estaba buscando estabilidad; yo quería eficacia. Demasiado a menudo, la estabilidad puede estorbar. La estabilidad puede frustrar el progreso. Yo podía ir a cualquier lado y ser consistente.

En retrospección, una cosa que destaco es que ninguno de los individuos con los que hablé me advirtió en contra de mi partida. Quizás porque en el fondo son todos emprendedores, conocen la emoción de tomar riesgos. Todos ellos habían salido de lo seguro para aceptar desafíos.

Ellos percibieron que yo iba en la dirección correcta en el momento correcto. Al consultar con aquellos en mi lista, ninguno de ellos me desafió a quedarme para agrandar la universidad. Ya para entonces, había avanzado tanto en este proceso que no estaba seguro donde terminaría, pero debía moverme de mi cómoda escalera. Estaba convencido de que no podía seguir siendo el presidente por mucho tiempo más.

El solo saber que había luchado con todos los temas confirmaba que yo había hecho lo correcto. Los había ido a ver dado que necesitaba la perspectiva de gente de afuera. Lo que más necesita un líder de alto nivel es perspectiva. Los buenos consultores nos ofrecen perspectiva –nos ayudan a ver las cosas bajo una luz diferente–. Nos hacen las mismas preguntas que ya habíamos pensado, o deberíamos haber pensado.

Una cosa era responderme a mí mismo, pero cuando alguien en quien confío me hace una pregunta, me mira fijo y espera la respuesta, probablemente responda distinto. Me puedo mentir a mí mismo o autoconvencerme de algo que quiero creer, pero cuando otra persona me pregunta, es más probable que sea visceralmente honesto.

CAPÍTULO 17
DESEOS Y MOMENTO

*Todo tiene su momento oportuno; hay un tiempo
para todo lo que se hace bajo el cielo.*
—Eclesiastés 3:1 (NVI)

Aunque había identificado mi pasión por ayudar a otros a liberar sus sueños, y estaba confiado en que era la voluntad de Dios que yo avance con esta transición, todavía estaban las grandes preguntas que me ayudarían a determinar *de qué manera* haría la transición y cuál sería la escalera que me llevaría a mi nuevo destino.

¿Qué estoy buscando? ¿Qué necesito para sentirme realizado?

Después de meses de búsqueda, pude definir cuatro cosas.

1) **Independencia.** Nunca había sido independiente, esta sería una nueva experiencia para mí. Nadie sabría –y a nadie le importaría– si yo comenzaba mi día laboral a las 6:00 de la mañana o recién al mediodía.

Yo debía preguntarme; *¿Puedo trabajar independientemente?* He funcionado en situaciones estructuradas durante toda mi vida. Aun cuando era pastor, existía cierta estructura. Tenía horas a mi discreción, pero tenía sermones que preparar y lecciones que enseñar, reuniones de consejo que conducir, visitas que hacer, bautismos, casamientos y funerales.

Me hice otra pregunta: *¿Me tendré yo mismo la suficiente estima como para estar solo todo el tiempo? ¿Podré pasar tiempo solo conmigo mismo?*

Nunca había hecho esto. Cuando llegaba a la oficina, había gente que entraba y salía todo el día. Algunos días recibía unos cuarenta llamados telefónicos. ¿Cómo reaccionaría cuando recibiera sólo dos llamadas por semana? Ya nadie pasaría por mi oficina para ofrecerme café o para preguntar si quería salir a almorzar.

Tengo una hermosa oficina en casa. Es más linda que la que tenía en la universidad, pero nadie viene a verme. Nunca he recibido a ningún cliente allí, ni lo haré.

¿Podría vivir con ese nivel de independencia?

Puedo y lo he podido hacer, pero tuve que adaptarme. Sabía que sería así. Ahora realmente puedo decir que disfruto el silencio de mi oficina.

2) **Control.** ¿Necesito control externo, o tengo suficiente fuerza interior como para hacer el viaje con autocontrol? ¿Tendré la autodisciplina, la responsabilidad y la integridad necesarias? ¿Tendré necesidad de energía exterior o de una autoridad que me indique qué hacer, o tendré el carácter suficiente? ¿Podré levantarme a la mañana si no tengo que cumplir horario de oficina? ¿Escribiré aquella carta? ¿Responderé a ese correo electrónico? Ese no era motivo de preocupación ya que siempre he sido alguien con motor propio.

3) **Libertad.** La libertad no es igual a la independencia. Trabajando en la universidad yo tenía libertad. Podía ir y venir y las autoridades lo entendían perfectamente, pero yo producía resultados. Ellos no se preocupaban siempre y cuando yo trajera resultados.

Yo deseaba disfrutar mi libertad, mi capacidad para elegir las personas con quienes prefería trabajar y poder rechazar a aquellas con las que no deseaba trabajar.

Esta es una dimensión adicional en este asunto de la libertad: ¿Me podré manejar cuando mis ingresos dependan de la cantidad de libertad que exijo? Libertad versus ingresos. Si no presto atención, la necesidad de ingresos podría acabar con mi libertad porque estaré corriendo de proyecto en proyecto, temiendo la bancarrota si no consigo el próximo trabajo.

4) **Estructura.** Haría falta algún tipo de estructura, pero ¿qué forma darle? Empleo la palabra estructura para explicar de qué modo me organizaría. Una vez definido el asunto del control, ¿qué clase de estructura requeriría para instalar mi negocio?

De inmediato establecí corporaciones con y sin fines de lucro con miembros de consejo. ¿Sería suficiente? ¿Cuán seguido debía reunirme con ellos? ¿Cómo realizaría mis informes?

Durante ese tiempo, un versículo bíblico me proporcionaba inmensa paz porque yo había buscado la voluntad de Dios y creía que estaba haciendo lo correcto: "El Señor te cuidará en el hogar y en el camino, desde ahora y para siempre" (Salmos 121:8, NVI).

UN TIEMPO PARA TODO

Mientras reflexionaba sobre mi partida, una pregunta me perseguía: *¿Será este el momento de cambiar de escalera?* Este es un tema de importancia y es en el que muchos líderes se equivocan. Se retiran demasiado temprano, se van antes de preparar todo o se van demasiado tarde.

¿No es verdad que todos conocemos organizaciones en las que el líder se ha aferrado al poder y se ha negado a soltar? La organización podría haber funcionado más fluidamente o quizás tomado nuevos caminos con otros desafíos, pero la persona a cargo no dio un paso al costado.

Tres años antes de renunciar, yo supe de mi necesidad de transición, pero no podía hacerlo aún. Todavía no estaban los preparativos para el paso de mando. La universidad estaba tramitando una renovación de acreditación. Se estaba atravesando una nueva aprobación de ayuda financiera federal. El consejo no estaba alineado. Y más importante aún, mi sucesor todavía no estaba preparado.

LÍDERES DE ESCALERA

Siempre supe quién sería mi sucesor, pero él todavía necesitaba entre un año y medio a dos años más hasta estar preparado para el puesto. Yo debía asegurarme de que fuera el momento correcto para la transición.

Y entonces llegó el momento de la decisión.

El domingo de Pascuas, año 2003, mi esposa y yo habíamos estado en Columbus, Georgia, donde yo había predicado en la iglesia Solid Rock. Viajábamos de regreso hacia el lado sur de Atlanta donde vivimos. Conversábamos sobre el tema de mi renuncia y esos minutos juntos se convirtieron en una experiencia poderosa que quedará para siempre grabada en mi memoria.

Lo sorprendente de la conversación es que Brenda y yo habíamos hablado anteriormente al respecto –de hecho, yo pensaba que habíamos hablado el asunto hasta el cansancio y que ya no quedaba más nada que decir–. Juntos habíamos revisado esta transición desde todos los ángulos posibles. "¿Qué pasará si no se hace?", "¿Y qué pasará si se hace?". Hicimos cálculos de nuestros gastos e hicimos presupuestos. Hicimos lo que llamamos un presupuesto basado en la realidad y otro basado en la fe. Ya hace tiempo había aprendido que los números de Dios son siempre más grandes que los míos; por eso quería pensarlo en dos niveles diferentes.

Crawford Loritts, uno de mis catorce mentores, me enseñó acerca de un plan de negocios y utilizaba el acrónimo DOCTOR.

D = Direccional

O = Objetivos

C = Cash [Dinero en efectivo en inglés]

T = Tracking [Seguimiento en inglés]

O = Overall evaluation [Evaluación general en inglés]

R = Refinamientos

Esto me resultaba una buena manera de enfocar el pensamiento y hallar maneras concretas de darle cuerpo a mis pensamientos, y comencé a escribir mucho más.

Por ejemplo "Cash" (dinero en efectivo) se refiere al negocio completo, el cuadro general: Por último, ¿qué es lo que me veo haciendo? ¿Cómo me voy a adaptar a los ajustes? Realmente ¿cuál es mi objetivo?

Supuse que existía una buena manera de realizar un plan de negocios. Había escrito partes de este plan, aunque no todo. Por ejemplo, no escribí nada bajo el título de "Refinamientos". Todavía no llegué hasta allí. ¿Dinero? Me reuní con mi asesor financiero y lo habíamos revisado todo. Ya habíamos agendado una reunión en la que estarían presentes él, nuestro contador, Brenda, y yo, y lo planificamos por completo.

Aquel domingo por la tarde, mientras nos dirigíamos hacia el norte por la ruta I-185, Brenda estuvo callada durante unos segundos y luego dijo, "Vamos por ello".

Sólo esas palabras.

Eran suficientes.

Sonaron como campanas gigantes en mi alma. Sabía que era lo correcto. Y tomamos la decisión allí mismo –juntos–.

CAPÍTULO 18
TRANSICIÓN INTERNA

No podemos convertirnos en lo que necesitamos ser permaneciendo donde estamos.
—John C. Maxwell

El proceso de transición incluye aspectos tanto externos como internos – los detalles prácticos de pasar de una escalera a la otra, y el viaje mental, emocional y espiritual que hacemos cada uno de nosotros cuando debemos enfrentar una transición–. Cuando miro hacia atrás, entiendo que pasé por cinco etapas internas en mi transición.

Etapa 1—Pre-contemplación

Etapa 2—Contemplación

Etapa 3—Oscuridad

Etapa 4—Luz

Etapa 5—Acción

La única forma en que puedo explicarlo es dándole a la primera etapa el nombre de *pre-contemplación*. La pre-contemplación ocurre cuando sabemos que algo tiene que ocurrir, pero todavía no sabemos qué. Hay algo que no está bien, pero no podemos definir qué es. Esto significa que nos miramos a nosotros mismos y nos preguntamos en qué habremos fallado o por qué no estamos tan entregados a Dios o comprometidos con nuestro trabajo como lo solíamos estar.

La segunda etapa es la *contemplación*. Esta etapa es la de darnos cuenta. Ya conocemos estos hechos: Yo no soy perezoso. No me estoy alejando de Dios. No me estoy escapando. Aún no estamos tomando acción, pero nos estamos dando cuenta que algo va a tener que cambiar.

La etapa tres es la de *oscuridad*. Este es el lugar más difícil. No puedo ver bien para subir el próximo peldaño. Tampoco sé cómo retroceder en medio de toda esta oscuridad. Sabía que no quería estar donde estaba, pero honestamente no sabía adónde quería ir. *¿Y ahora qué hago?*

Pareciera que aun aquellos que tienen algún indicio de adónde querrían ir tienen que pasar por la oscuridad. Vislumbran lo que podría ser, pero no ven cómo podría suceder.

"No puedo retroceder, y no sé adónde tengo que ir", me dije. "No es punto muerto; es a la deriva". Esta es la etapa de la confusión interior. Cada vez me daba más cuenta de mi necesidad de cambio, pero no sabía qué hacer ni cómo tomar el siguiente paso.

A este estado yo lo llamo "funk" por el bioquímico polca Casmir Funk, quien utilizó su nombre para referirse a las deficiencias alimentarias. La palabra se utiliza para referirnos a alguien que está pasando por una etapa de pesimismo, alguien a quien le es difícil involucrarse activamente.

Yo no sabía adónde ir porque no sabía qué hacer. No sabía cómo ir para adelante, y no estaba preparado para retroceder. Es un lugar terrible –y *terrible* es la mejor palabra para describirlo–. Una vez que sabemos hacia dónde queremos ir, podremos enfrentar el desafío. Podremos tomar acción.

Particularmente, como cristianos, gemimos y agonizamos clamando a Dios, "¿Cuál es tu voluntad?". Verdaderamente queremos saber. Decimos una y otra vez, "Muéstrame qué hacer, y lo haré". También buscamos explicaciones o respuestas.

Yo no sabía ni quién era en ese tiempo. Sabía quién había sido, y siempre pensé que sabía hacia dónde iba. Me sentía diferente, y me parecía como que me hubieran cambiado las reglas del juego y nadie me las había explicado. Deseaba hacer algo (recuerda, soy alguien muy activo) pero sin ningún sentido de la orientación, ¿qué podría hacer? ¿Bajar un peldaño? ¿Subir uno o dos peldaños? En muchos sentidos, esta no es la etapa más crucial, pero sí la más difícil porque no tenemos ningún sentido de dirección. Lo único que sabemos es que no queremos estar donde estamos ahora.

La etapa cuatro es la *luz*. Esto puede ocurrir en un instante, o puede ser como los primeros rayos de luz de la mañana que, lentamente, apartan la oscuridad. A veces se trata de saber qué hacer sin saber cómo lo supimos. Es como si el Espíritu Santo nos susurrara, "Es por aquí, camina por aquí". Esto también indica que es un camino por el que nunca hemos andado.

Aun teniendo esta luz, las dudas podrían asomarse. Ni bien recibimos esta claridad, comenzamos a discutir con nosotros mismos, ¿Será así? ¿Qué pasa si ...?

No nos queremos quedar en la misma escalera, pero no sabemos qué escalera subir. O, aplicando la imagen de escalar una montaña, creemos que llegaremos a la cima –y lo logramos– pero luego vemos otras montañas, y nos están llamando. Son montañas más altas, y nos damos cuenta de que es ahí donde queremos ir. Miraba fijamente las diferentes montañas, y pensé, *No son malas montañas, son muy buenas montañas, pero no son mis montañas.*

Esto es más difícil aún para personas que tienen capacidad para hacer muchas cosas. Recibí muchas ofertas de trabajo, aunque no las había buscado. Una de las ofertas era como administrador de una iglesia enorme; mi empleo comenzaría con un ingreso de seis cifras –más dinero del que había ganado–. Pero ni siquiera eso me resultaba deseable.

Mientras yo seguía escuchando a Dios, yo no sabía hacia qué escalera iba a dirigirme. Sólo sabía dos cosas.

En primer lugar, iba a dejar esta escalera.

En segundo lugar, durante bastantes meses, cada vez que inspeccionaba una nueva escalera, no era la escalera para mí. En mi caso, se trató de un proceso de eliminación. Eso es exactamente lo que sucedió en mi vida. *No, eso no es para mí*, pensaba. *No, eso no funcionará a largo plazo.* También surgieron preguntas, como, *¿Haré esto por el resto de mi vida? Si este fuera el último trabajo que haré, ¿lo disfrutaré?*

Para emplear una imagen diferente, yo veía puentes delante mío. Levantaba el pie para apoyarlo en el puente y al mirar hacia el otro lado, sacudía la cabeza. *No, éste tampoco es.* Seguía caminando, investigando cada puente. Algunos me hubieran conducido al otro lado, pero no era el lugar donde deseaba estar.

No estaba demasiado seguro de adónde era el otro lado. Yo no podía validarlo con respuestas concretas, pero de alguna manera yo sabía que esto era lo correcto.

En mi momento de luz, me había dado cuenta de que deseaba ser consultor de pastores y líderes de grandes organizaciones. Se trataba de una decisión riesgosa. Una de mis primeras preocupaciones era que estaría renunciando a un ingreso fijo. Por muchos años yo había podido contar con un cheque con mi sueldo el día primero de cada mes.

A pesar de esa incertidumbre, la luz continúa y nos lleva a la quinta etapa. Esta etapa es el lugar de la acción, donde la transición interna tiene trascendencia externa. Esta es la etapa en la que empuñamos el arma y apretamos el gatillo. Descendiendo de mi escalera, mis pies tocan el suelo, y le doy la espalda a la antigua escalera. Tengo que hacer esto para estar preparado para escalar una nueva.

CAPÍTULO 19
TRANSICIÓN EXTERNA

Yo no soy producto de mis circunstancias. Yo soy un producto de mis decisiones.

—Stephen Covey, educador y autor

La transición interna, que trae como resultado el compromiso de llevar a cabo el cambio de escalera es sólo el comienzo –un gran comienzo–. A partir de allí inicia el proceso de pasos prácticos, externos, que tendremos que tomar.

Esta es una precaución para cualquiera de nosotros que decida cambiar de escalera: no te vayas de allí de mala manera. No querremos generar enemigos ni herir los sentimientos de nadie cuando nos vayamos. Debemos dejar una puerta abierta para poder regresar. No planeas regresar, pero nunca se sabe si no necesitarás algo de ellos en el futuro.

Yo no tenía pensado regresar, pero no tengo manera de conocer el futuro. ¿Y si me hubiera equivocado? ¿Qué pasaría si dos años más tarde yo deseara algún tipo de asociación con ellos? ¿O si quisiera utilizar sus instalaciones para alguna reunión? O si necesitara recomendaciones suyas.

Demasiadas personas renuncian cargando sentimientos negativos hacia otros. Dedican los últimos días a desahogar su ira o insatisfacción. Mi palabra de consejo es que no lo hagas.

Si existieren asuntos, debemos resolverlos primero o guardárnoslos hasta que nos hayamos ido. Esto también significa que nuestra carta de renuncia debe ser cuidadosamente preparada sin expresar ningún desahogo. Lo mismo es válido para cualquier discurso público que pueda surgir.

Demasiado a menudo, los directores ejecutivos y los pastores se despiden y deciden que, ya que se están yendo, tirarán sus tiros de despedida hacia cada uno. En lugar de enfrentar a los individuos con los que tuvieron dificultades, toman el camino pasivo/agresivo y desahogan sus agravios delante de todos.

En mi caso, al escribir mi carta de renuncia, no existía necesidad alguna de desahogarme, porque me habían tratado bien, amaba a las personas con las que trabajaba y estaba inmensamente agradecido a Dios por los años en los que yo había sido presidente.

Cuando nos alejamos, querremos llevar una sonrisa genuina en nuestro rostro, afecto en el corazón y no escuchar sonidos de enojo a nuestras espaldas.

En mi caso, me era importante que nadie pensara que me estaba yendo como quien salta de un buque que se hunde ni que yo poseía alguna información acerca de que estuviéramos en declive. Más de una vez, dejé muy en claro que nada estaba mal, que no me estaba yendo a una universidad rival, y que no había ningún descontento. No dije que la vida fuera perfecta, sino que mis relaciones con todos —hasta donde yo lo supiera— habían sido excelentes.

Mis años como director de la universidad también me permitieron tener la clase de plataforma pública que tengo hoy en día. Si yo hubiese permanecido como pastor de una congregación, hubiera tenido un ministerio, pero no tan amplio como el que Dios me ha dado a través de mi relación con la universidad. Fueron años maravillosos, emocionantes, pero era el momento de concluirlos. Yo debía alejarme porque Dios tenía nuevas puertas que esperaban que yo las abriera y pasara.

Nuestra estrategia de salida es más importante que nuestro ingreso. Es decir, la manera en que nos vamos es más importante que la manera en que llegamos.

TRANSICIÓN EXTERNA

Cuando hablamos con algún director ejecutivo o pastor acerca de renunciar, yo pregunto, "¿Cómo serás recordado?".

Les cuento acerca de mi renuncia a la universidad. Cuando comencé como presidente en 1989, teníamos solamente ochenta y siete estudiantes. Cuando me fui, el 31 de diciembre de 2003, teníamos 690. El punto, sin embargo, es que ya no estaba ninguno de los estudiantes de 1989. Ninguno de los estudiantes que me habían dado la bienvenida estaría allí cuando me fuera. Entonces, pregunto, ¿cómo sería recordado? ¿cómo deseaba ser recordado?

La respuesta parecía obvia: Quiero ser recordado por cómo me fui en vez de por cómo entré. Todos tenemos historias de líderes que entraron para cambiar cosas, y todos se reunían alrededor de ellos. Empleaban palabras como "el más grandioso" o "el más grande" o "el más spiritual" pero no duraron. Como dice el antiguo dicho, "Entraron con un rugido y salieron con un gemido".

La gente recuerda nuestra partida, y la comenta con otros. Muchos pastores han partido de buenas iglesias, y muchos directores ejecutivos han partido de buenas organizaciones, pero se han ido de tal manera que su recepción en el próximo lugar ya estaba contaminada. Siempre se corre la voz.

Nunca debemos olvidar que vivimos en un mundo muy pequeño. Las personas hablan con otras personas. Las noticias viajan. Donde sea que fuere nuestro próximo destino, las noticias acerca de cómo nos fuimos del anterior, nos seguirán. Especialmente si nuestro nuevo empleador inicia una verificación de antecedentes.

Cuando cualquier líder se va y parte con palabras duras, con amargura, relaciones fracturadas o de una manera pasiva-agresiva, no hay nada para celebrar. Si hubiera alguna celebración para la despedida, será superficial o habrá una sensación de "por fin se va".

Es por eso que debemos hacer todo lo posible para hacer las paces y reparar cualquier mala relación, en cuanto dependa de nosotros. Es por eso que la manera en que nos vamos es más crítica que la manera en que llegamos.

LÍDERES DE ESCALERA

La tarea más difícil en la partida, sin embargo —y supongo que esto será igual para todos los líderes— es entregar el control. Una vez que los líderes digan, "me voy", el poder y el control ya están fuera de sus manos. Ya no pueden determinar el futuro ni las decisiones que otros tomen. Hice lo mejor que pude.

Alguien se fue antes de mi llegada; alguien vendrá después de mí. Yo puedo servir con el mayor compromiso donde estoy en este momento; también puedo mirar hacia adelante y preparar los peldaños para que los escale mi sucesor.

No todos pueden enfocarse en el futuro. Algunos se sienten tan inseguros y ni siquiera saben si podrán mantenerse en la escalera ellos mismos, pero los líderes sabios, resueltos, planifican su sucesión desde el día que comienzan el trabajo. Haremos un gran servicio a nuestras organizaciones si comenzamos el proceso temprano. No siempre podremos elegir a nuestros sucesores, pero podemos crear un ambiente sano para su llegada. No importa cuál sea nuestro rol de liderazgo, podemos comenzar a darle forma al perfil de la siguiente persona.

Yo miré hacia adelante para preguntarme qué problemas podría causar mi partida a mi sucesor. ¿Qué asuntos puedo atender mientras todavía esté a tiempo de resolverlos? John Maxwell me dio este consejo: "En los últimos meses, pregúntate, ¿Qué puedo hacer ahora que le sea de ayuda al próximo que ocupe mi lugar?".

Me dijo que él había hecho limpieza de la casa. Había personas que debían irse. No quería que su sucesor tuviera que hacerse cargo de sus propios problemas porque aquellas personas habían sido empleadas por él. Yo hice eso por mi sucesor hasta donde pude. Me desprendí de aquellos que no estaban totalmente comprometidos. No fue fácil, pero creo haber hecho lo correcto.

Hay un asunto más, el período de "pato cojo". ¿Cómo mantenerse productivo durante el último período en el cargo? Este fue un asunto difícil de manejar para mí. Había renunciado a mitad de octubre, y me restaban un total de dos meses y medio en la universidad. La ventaja era que la universidad cerraba para la celebración de la semana de Acción de Gracias, y que después de la segunda semana de diciembre los estudiantes se habrían ido, así que era tiempo sin actividad. Investigando, descubrí que casi todos los presidentes anunciaban su renuncia muy de antemano, pero sus renuncias se hacían efectivas el día 30 de junio, dado que el año fiscal para todas las universidades comienza en julio, por lo que no se beneficiaron del tiempo de inactividad. Este es uno de los motivos por los que elegí esa fecha para mi renuncia.

Yo no quería ser "pato cojo" durante mucho tiempo, no sólo por ellos sino por mí también. Ya mentalmente había preparado mis valijas, y mi corazón ya no estaba en la universidad. No sería justo que me quedara.

CAPÍTULO 20
LA ESCALERA AL LEGADO

Lo que dejas atrás no es lo que queda gravado en monumentos de piedra, sino lo que ha quedado tejido en la vida de otros.

—Pericles, estadista griego

Las acciones que realicemos durante los tres primeros meses de ascenso de nuestras nuevas escaleras determinan, en buena medida, nuestro éxito o nuestro fracaso. Si actuamos con incertidumbre durante ese tiempo, quizás podamos compensarlo, pero no será fácil. Debemos aprovechar las transiciones, especialmente en esos primeros tres meses.

Las transiciones ofrecen oportunidades únicas; posibilidades para comenzar de nuevo y hacer los cambios que hagan falta. Todo líder sabe esto. Lo que a veces no tienen en cuenta en esos primeros noventa días es que también es un período de alta vulnerabilidad. Durante ese período, establecerán relaciones laborales y definirán sus roles.

En cualquier trabajo, existe algo que llamamos "pagar la renta". Son aquellas cosas que definitivamente debemos hacer. Si soy un pastor, debo predicar los domingos, realizar bautismos y funerales, oficiar en casamientos y ser el moderador en las reuniones de consejo. Treinta años atrás, investigadores llegaron a calcular que "pagar la renta" es un trabajo de medio tiempo. Una gran parte de la marca del líder (legado) depende de lo que haga durante la otra mitad de su semana laboral. En el caso de pastores, algunos dictan clases. Otros participan de actividades políticas; algunos desarrollan programas o se enfocan en el evangelismo. Lo que ellos hagan después de "pagar la renta" es tan importante como la efectividad con la que trabajen.

En su libro, *Los primeros 90 días*, Michael Watkins, profesor asociado de la Universidad de Harvard, se refiere al punto de "gastos cubiertos". Esto ocurre cuando los nuevos líderes ya han contribuido tanto valor a sus organizaciones como el que han recibido de ellas. Él también ofrece diez sugerencias para enfrentar los desafíos de la transición:

- Haz un corte mental definitivo, final, de tu antiguo trabajo.

- Acelera tu aprendizaje.

- Relaciona la estrategia a cada situación. (Es fundamental tener un diagnóstico claro de la situación).

- Asegúrate victorias tempranas para construir credibilidad y generar impulso.

- Negocia el éxito con tu jefe gestionando las expectativas.

- Logra la convergencia entre la estructura organizacional y su estrategia.

- Construye o reestructura tu equipo.

- Crea coaliciones o alianzas que brinden sostén.

- Mantén tu equilibrio y tu habilidad para tomar decisiones sabias. (El riesgo de perder la perspectiva y equivocarse está siempre presente durante las transiciones).

- Ayuda a todos en tu organización a acelerar sus propias transiciones y fortalece la planificación de sucesión (aceleración de transición de liderazgo).

Así como en los tres primeros meses de nuestra nueva asignación se establecen patrones para el éxito a largo plazo en nuestros roles, los meses finales de

LA ESCALERA AL LEGADO 135

nuestra permanencia tienen un impacto extraordinario sobre nuestro legado. Como he mencionado anteriormente, debemos esforzarnos por terminar bien y terminar fuertes, ya que nuestras partidas determinarán cómo seremos recordados y quizás hasta sirvan para reparar algunos de los errores en los que inevitablemente habremos incurrido en el curso de nuestro tiempo como líderes.

Cuando comencé a pensar respecto a lo que yo estaba dejando, una de las primeras cosas que hice fue pensar en mi legado. A lo largo de los años, he visitado iglesias y compañías donde tienen una galería con los retratos de los líderes del pasado. Rara vez muestran más que el retrato con el detalle de los años en que sirvieron.

Conozco una iglesia que lo hace de manera diferente. Ha existido desde 1853. Aunque se encuentra en una ciudad bastante pequeña y la iglesia nunca tuvo una membresía superior a 350 personas, las congregaciones han hecho algo significante para honrar el legado de sus líderes. Debajo de cada retrato, en tres o cuatro párrafos, se listan los logros de ese pastor. El primer pastor había fundado la iglesia porque creía en la liberación de los esclavos. Los miembros se habían juramentado apoyar la emancipación activamente. A tres retratos del final hay un ministro pelirrojo que se había ofrecido como capellán voluntario en 1942, unas pocas semanas después del inicio de la Segunda Guerra Mundial. Él murió en la invasión de Normandía en 1944.

Esta es la manera en la que deben trabajar las organizaciones. En lugar de negar o enterrar las evidencias de los logros de quienes lideraron anteriormente la institución, los que le siguen deben valorar sus legados.

Comencé a pensar en mi legado. *¿Qué estoy dejando atrás?* me pregunté. No sabía si alguien recordaría mi nombre dentro de treinta años. Ese no era mi punto. Yo deseaba dejar un legado que marcara el futuro de la universidad. Si era honrado, a la larga, no era importante. Lo importante era irme dejando una sensación de logro.

Algunos días me detenía a pensar, *He recibido más bendición de la que cualquier humano pueda imaginar.* Había llegado a los Estados Unidos como un extranjero cuyo inglés era, a veces, difícil de entender, que no entendía muchas de las costumbres ni expresiones americanas, y Dios me había dado (y todavía me da) mucho favor. Aun cuando sabía que era tiempo de irme, y mi entusiasmo había menguado, no ocurría lo mismo con mi gratitud.

Un día me dije a mí mismo en voz alta, "La clase de legado que quiero dejar es una marca en los corazones de las personas".

Me di cuenta de que quería estar seguro de que hubiera personas que dijeran cosas como, "sin la influencia de Sam Chand, no lo hubiera podido lograr", "Sam creyó en mí, y yo aprendí a creer en mí mismo". "Yo quería trabajar para Dios, pero no sabía cómo. Sam me ayudó a ver mi potencial. Dios le ayudó a él para que me trajera hasta donde estoy ahora".

A causa de ese anhelo por un legado humano, el impulso de salir de detrás de un escritorio y sentarme frente a las personas se hizo más fuerte.

También me preguntaba, *¿Podré vivir sin mi actual identidad profesional? ¿Estará limitada mi influencia? ¿Continuará o disminuirá mi influencia?*

Mientras yo era presidente, podía levantar el teléfono, y estaba a un par de llamadas de cualquier líder. Yo no sabía si esto seguiría siendo así. Mi identidad había sido la de presidente de la universidad. Antes de que yo fuera presidente, bromeábamos de que nuestra universidad era uno de los secretos mejor guardados de la nación. Pero ahora, al menos en algunos círculos, es reconocida como una institución con visión de futuro y ha demostrado ser inestimable para la comunidad.

¿A qué estoy renunciando al dejar esta posición? ¿Las personas devolverán mis llamados? ¿Me seguirán reconociendo? Ahora que no puedo hacer nada por ellos como lo podía hacer antes, ¿todavía seré significante en sus vidas?

Aquí hay otra pregunta: *¿Habré sido significante para las personas por quien soy o por lo que hago?* La mayoría de nosotros tememos hacernos esa pregunta porque la verdad es que, "es por lo que hago".

Alejarme de todo aquello en lo que había trabajado y construido me provocaba miedo. En la universidad, no existía un solo centímetro de toda esa propiedad que se mantuviera igual que antes. No era fácil dejarlo, porque los ladrillos y el cemento suelen definirnos. Esta era mi casa. Me daba un sentido de pertenencia. Era el lugar físico y tangible adonde yo podía llevar a las personas. Y ahora ya no lo tendría más. ¿Ahora qué?

Me preguntaba, si yo fuera sólo un cristiano que asiste a una iglesia, me sentara en la última fila cada domingo durante cuatro meses, y luego no asistiera durante tres domingos seguidos, ¿Quién me llamaría? ¿Alguien me enviaría un correo electrónico? ¿A alguien le importaría que yo no estuviera?

La respuesta es que nadie me llamaría y a nadie le importaría. Sin embargo, si yo faltara un domingo como pastor, por supuesto, todos querrían saber qué había sucedido. Era fácil ver mi valor porque yo estaba empleado por la iglesia. Pero si yo ya no estuviera más, ¿eso significaría que ya no valgo nada?

Significaría que no valgo nada, salvo que yo pudiera entender que mi verdadero valor es interno y no está determinado por lo que pueda hacer por otros.

Cuando las personas hablan de cuán importante soy, sonrío y digo, "Déjame que te diga cómo será la conversación quince minutos después de mi funeral. Las preguntas serán algo como: ¿Dónde está la ensalada de papas? ¿Qué pasó con los frijoles?".

Puedo haber dicho esto a la ligera, pero no me lo tomaba tan a la ligera como parecía. Cuando tenemos una posición de liderazgo –anciano superior, director ejecutivo, vicepresidente o pastor– hemos dejado algo atrás. Pregúntales a las viudas de pastores; ellas lo saben.

Un mes eran el centro de la iglesia, y al mes siguiente eran puestas a un costado. Por supuesto, ya no eran las esposas del pastor pero, demasiado a menudo, se convierten en personas sin identidad.

Yo no quería irme de la universidad sin un sentido de dignidad o sintiendo que había dejado atrás lo mejor de mí. Quería irme con la idea de que estaba potenciando mi identidad y mi sentido de autoestima.

¿Podrá la organización sostener lo que yo comencé? ¿Qué y a quién pierde la organización con mi salida? Como un pastor que recibe un llamado a una congregación diferente, me tenía que preguntar, "Si yo me voy, ¿quién más se irá? ¿A quiénes perderá la universidad?".

Pienso que esto ocurre más a menudo en las organizaciones sin fines de lucro que en las corporaciones con fines de lucro. No obstante, en muchas de las grandes corporaciones, cuando se va el director hay un gran revuelo. En 2004, esto ocurrió con la Compañía de Coca-Cola en Atlanta. Uno de sus principales vicepresidentes renunció porque el directorio no lo había elegido a él como el próximo presidente.

En muchas iglesias, cuando se va un pastor principal, una gran parte del equipo se va. En algunas denominaciones, tales como la Asamblea de Dios, cuando se va el pastor principal y entra un nuevo pastor, todo el equipo renuncia. El nuevo líder no está obligado a aceptar las renuncias, pero al menos están a disposición y brindan la oportunidad de realizar cambios.

¿Qué estoy dejando atrás? La respuesta a esa pregunta me hizo pensar en la importancia de las relaciones que dejaría atrás. No importaba cuánto estimaba a las personas con las que trabajaba, mi ida significaría que estas relaciones tendrían que cambiar. Algunas personas se alejan porque siempre habrá alguien nuevo con quien relacionarse. Yo valoro las relaciones de largo plazo. Yo había desarrollado buena una cantidad de esas relaciones y deseaba mantenerlas. También me daba cuenta de que algunas de ellas ahora estarían en un nivel diferente.

CONCLUSIÓN

Si somos observadores, veremos que Dios ha formado nuestras vidas de manera que sigan patrones. En el mundo natural, estos patrones se conocen como estaciones o temporadas. El sabio de Eclesiastés escribió, "Todo tiene su momento oportuno; hay un tiempo para todo lo que se hace bajo el cielo" (Eclesiastés 3:1 NVI).

Al igual que las estaciones que reflejan el nacimiento, el crecimiento, la productividad y el fin de la vida en esta tierra, las estaciones de nuestra vida no pueden ser calculadas rígidamente. Algunos inviernos son largos y de mucha nieve. Algunas primaveras son "excesivamente" cálidas. Nadie puede determinar qué día caerá el primer copo de nieve o el momento en que abrirá el primer pimpollo. Aun así, nos reconforta la predictibilidad de las estaciones y los cambios que cada una de ellas trae.

De la misma manera, aunque el viaje de cada persona es único, hay estaciones marcadas por decisiones clave, momentos de crisis u oportunidad, hitos de desarrollo y otros eventos importantes, y cada uno ocurre en un punto un tanto diferente para cada persona.

Yo creo que pasamos por cuatro de estas estaciones, y cada una se caracteriza por eventos únicos, algunos de los cuales ocurren sin que podamos cambiarlos, y otros que requieren nuestra intervención directa para hacer la transición de una estación a la otra.

En nuestra estación de *Comienzo* (desde el nacimiento hasta aproximadamente los 20 años), somos formados por nuestras familias de origen, el lugar de nacimiento, el género y la contexta física. Aunque tenemos muy poco control sobre muchos de los factores, llevamos el impacto de ellos durante todas nuestras vidas. Posiblemente, nuestro potencial como líderes cuando somos adultos esté influenciado por las preguntas que se hacen en esta etapa, como las preguntas acerca de la autoestima ("¿Yo importo?"), la confianza ("¿Puedo?") y el destino y propósito ("¿Por qué estoy en esta tierra?"). Es por esto que a menudo vemos las semillas del liderazgo en niños en un patio de recreo, aunque todavía se encuentren a décadas de sentarse en una silla de gerencia.

En nuestra estación de *Búsqueda* (entre los 20 a 40 años), estamos completando nuestra educación, casándonos o empezando una familia, encontrando trabajo y desarrollando capacidad dentro de algún campo. En la metáfora de la "escalera" que hemos utilizado en este libro, es en esta estación que crecemos en las habilidades que se han tratado en la Parte II. Quizás tengamos muchos trabajos hasta encontrar el lugar del llamado y de la vocación, mientras vamos identificando fortalezas y debilidades, preferencias y estilos, apoyándonos en ciertos líderes como mentores y sosteniendo las escaleras de otros.

En nuestra estación de *Éxito* (entre los 40 a 55 años), fusionamos las capacidades de nuestra estación de *búsqueda* con nuestros dones, roles e influencia. Pasamos de la característica de "hacer" de la etapa de *búsqueda* a la de "ser". Estamos firmes en nuestros roles y ganando el respeto de aquellos a quienes les sostenemos las escaleras y de quienes sostienen la nuestra. También quizás estemos disfrutando del confort de nuestras posiciones y le tomemos aversión al riesgo. A menudo es en esta etapa que enfrentaremos algún incidente crítico que provoque algún trastorno desde afuera, o la sensación de insatisfacción de parte de Dios que nos moverá desde adentro. Cuando esto ocurra, debemos tener el coraje de bajarnos de nuestra escalera actual para irnos a una nueva y desconocida.

En nuestra estación de *Significación* (50 años o más), nuestro enfoque es la convergencia, el legado y el destino. Para decirlo con franqueza, nos preocupamos acerca de qué se escribirá sobre nuestra lápida, cómo seremos recordados y si el impacto de nuestra vida y de nuestro liderazgo serán duraderos. Enfrentaremos los desafíos que tratamos en la Parte III de este libro, y para expandir nuestra influencia, quizás debamos soltar nuestro liderazgo –una experiencia dolorosa pero liberadora–.

CONCLUSIÓN 141

En cada una de estas estaciones, tendremos que dar pasos audaces. Para algunos pasos, necesitaremos subir una escalera, bajar de una o pasar a otra escalera. Pero cada paso requerirá valor. Aunque este libro ha cubierto muchos de los mecanismos y detalles prácticos del desarrollo de los sostenedores de escalera, el crecimiento de las habilidades que se necesitan para escalar y las transiciones de escalera cuando ese momento llegue, quiero dejarte tres cosas indispensables que yo creo necesarias para tomar tu próximo paso con valentía.

Primero, debes tener un *sueño*. Debe ser un sueño *tuyo*, no el que te dio uno de tus padres, tu cónyuge o tu jefe. Como liberador de sueños, esto es algo que me apasiona. No obstante, me doy cuenta de que no son mis sueños los que se liberan, sino los sueños de aquellos a quienes estoy ayudando. Aunque un sueño podría ser influenciado por circunstancias externas, finalmente, toma raíz en tu corazón y es la culminación de un sinnúmero de deseos personales e intervenciones divinas.

Quizás sientas deseo de compartir tu sueño por todas partes; después de todo, es inspirador y estimulante. Pero quisiera advertirte que te tomes tu tiempo. No compartas tu sueño demasiado pronto, y ten cuidado con quién lo compartes. Dale tiempo a que tome forma, se desarrolle y refine. Tu próximo paso valiente será el resultado del fluir natural de tu sueño. Si no es así, quizás necesites reevaluar el paso en sí ya que ambos deben alinearse.

Si eres una persona conservadora por naturaleza, quizás pienses en ser precavido o tengas aversión al riesgo cuando sueñas. Las fluctuaciones y circunstancias de la vida gradualmente rebajarán tu sueño, pero no seas tú quien lo haga. Sueña en grande, sueños del tamaño de Dios. Permite que Él adapte tus expectativas, si fuera necesario, pero no dudes en explorar las posibilidades que sólo darían fruto con Su intervención.

Segundo, necesitarás *determinación*. La resistencia es esperable. De hecho, si no encuentras ninguna resistencia, probablemente deberías reevaluar el paso que estás dando porque es demasiado fácil para ser verdad o demasiado sencillo y por eso ni siquiera te genera dudas. Un paso de valentía es aquel que requerirá tu entera atención, tu infinita perseverancia, y tu voluntad para ir hacia un futuro desconocido sin certeza de éxito. Podrás tener deseos de abandonar, pero lo único peor que alguien que abandona es alguien que nunca comienza.

Finalmente, necesitarás un *desarrollador*. Como mencioné anteriormente en este libro, una de las cosas que lamento es no haber tenido alguien que me mentoreara durante varios de mis pasos de valor. ¿Hubiera sido diferente el resultado? Nunca lo sabré, pero sé que tu viaje mejorará por la presencia de mentores. Un mentor es alguien que está comprometido contigo como persona, con tu viaje por la vida y con tu propósito. Es a través de esta grilla que ellos pueden escuchar activamente y ofrecer claridad, cuando fuera necesario.

Cuando tomes tu próximo paso de coraje, puedes tener gran confianza que el Dios que te formó para Sus propósitos está cuidando de cada transición de tu vida. Como lo dice el salmista,

> *El Señor te protegerá;*
> *de todo mal protegerá tu vida.*
> *El Señor te cuidará en el hogar y en el camino,*
> *desde ahora y para siempre.*
> —Salmos 121:7-8 (NVI)

CONCLUSIÓN

www.ingramcontent.com/pod-product-compliance
Lightning Source LLC
Chambersburg PA
CBHW070546090426
42735CB00013B/3078